Die Gefährtinnen
Mary Wards

M. Gregory Kirkus CJ

Inhalt

Danksagung .... S. 4

Prolog... S. 7

- Mary Ward - 1585-1645........................ S. 8
- Winefrid Wigmore 1585 – 1657 .... S. 14
- Susanna Rookwood 1583 – 1624........... S. 26
- Catherine Smith 1585 – 1655 .... S. 30
- Jane (oder Joanna) Browne 1581 – ca. 1632.. S. 34
- Mary Poyntz 1603/4 – 1667.................. S. 38
- Barbara Ward 1592 -1623 .... S. 52
- Barbara Babthorpe 1592 – 1654........... S. 56
- ‚Schwester Dorothea' Ihr Bericht, etwa 1620.... S. 73
- Winefrid und Francis Bedingfield .... S. 85
    - Winefrid 1610   1666.................... S. 86
    - Frances 1616 – 1704 .... S. 92

Epilog .... S. 101

Anhang I... S. 102

Anhang II.. S. 122

Quellenangaben .... S. 126

DANKSAGUNG

Für dieses Buch stehe ich tief in der Schuld von Schwester Christina Kenworthy-Browne CJ. Sie hat nicht nur das Manuskript mit konstruktiver Kritik und hilfreichen Anregungen Korrektur gelesen, sondern mir auch gravierende Fehler erspart und wertvolle neue Informationen aus ihrer eigenen Recherche beigesteuert.

Mein Dank gilt auch Schwester Ursula Dirmeier CJ, einem Mitglied der Mitteleuropäischen Provinz, die großzügig Beratung und Unterstützung gewährt hat.

Und wie gewohnt hat meine Freundin Beryl Helps ihre Schreib- und Computerkenntnisse für die Vollendung des Buches zur Verfügung gestellt. Ihre Begeisterung für diese Arbeit und ihre Geduld mit all den Änderungen, zu denen ich so neige, haben die Schwierigkeiten gemildert und meine Freude an dem Werk gesteigert.

Schließlich möchte ich dem ‚Geistlichen Zentrum Maria Ward' in Augsburg und ‚Photo –Tanner' in Nesselwang für die Erlaubnis danken, Fotos von Bildern aus dem „Gemalten Leben" zu benützen.

M. Gregory Kirkus CJ

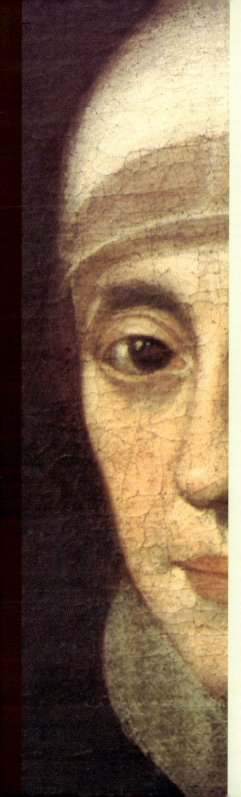

Anmerkung der Herausgeberin.

Schwester Gregory Kirkus CJ (1910-2007), Mitglied der Englischen Provinz, arbeitete unermüdlich dafür, dass Mary Ward besser gekannt und geliebt würde. Dieses Werk: „The Companions of Mary Ward", das ihr ein besonderes Herzensanliegen war, konnte sie nur zwei Monate vor ihrem Tod im August 2007 vollenden.

Dies geschah knapp vor der Veröffentlichung einer vollständigen Ausgabe der Quellentexte zu Maria Ward unter dem Titel *Mary Ward und ihre Gründung*, 4 Bände, Münster 2007, durch Schwester Ursula Dirmeier CJ. Diese Veröffentlichung lässt einige Ereignisse in einem neuen Licht erscheinen und bietet Informationen, die Schwester Gregory bei ihrer Arbeit nicht zugänglich waren, vor allem die Umstände die Inhaftierung von Winefrid Wigmore betreffend. Wir haben dennoch entschieden, den Text von Schwester Gregory ohne größere Änderungen zu veröffentlichen.

Die Herausgeberin bekennt aber mit Dankbarkeit, die neue Ausgabe der Maria Ward - Quellen für die Erweiterung der biographischen Details im Anhang I, Teil 2 benützt zu haben.

Christina Kenworthy-Browne CJ

> Gefährten im Kreis

Prolog

> *Campo Dei Fiori, Rome*

Dies ist ein Buch über ein großes Abenteuer, die Geschichte einer Gruppe junger Frauen, die auszogen, den Willen Gottes zu ergründen und ihn bedingungslos zu erfüllen. Sie mussten mit Widerständen und Armut kämpfen, mit gefahrvollen Reisen, Gefangenschaft und Misserfolg. Aber dieses Ringen vollzog sich nicht in einer Atmosphäre von Unheil und düsterer Schwermut. Sie lebten in der Zeit eines historischen Aufbruchs, als die Menschheit zu Entdeckungsreisen, Forschung und Erfindungen sowie zu neuen Ideen beflügelt war. Die jungen Frauen waren von diesem Zeitgeist angesteckt und begegneten allen Widrigkeiten mit großem Mut, den Erfolgen mit Demut.

Diese Gruppe junger Frauen, Mary Wards Gefährtinnen bei der Gründung ihres Instituts, sieht man auf Bild 22 des „Gemalten Lebens"[1]: von rechts nach links Mary Ward, Winefrid Wigmore, Susanna Rookwood, Catherine Smith, Jane Brown und Mary Poyntz. Nur Barbara Ward und Barbara Babthorpe fehlen hier aus Gründen, die im weiteren Text erläutert werden. Dieses Buch zeichnet - in der obigen Reihenfolge - das Leben jeder Einzelnen der ersten Gefährtinnen nach und enthält auch eine Darstellung oder wenigstens eine namentliche Erwähnung aller Institutsmitglieder, die wir aus der Lebenszeit Mary Wards kennen. Mary Wards eigenes Leben wird hier nur kurz behandelt, und die Leser werden auf die ausführlichen Biographien verwiesen, die der Ordensgründerin gewidmet wurden.

Mary Ward hatte zwar die uneingeschränkte geistige Führung der Gruppe inne, aber jede ihrer Gefährtinnen spielte eine bedeutsame Rolle bei der Gründung und Ausgestaltung ihres Instituts. Ihre Beiträge, wie sie auf den folgenden Seiten dargestellt sind mit all den verschlungenen Wegen und Wendungen des Schicksals, den Freuden und Leiden, Erfolgen und Niederlagen, bilden ein wahres Heldenepos der Nachfolge Christi.

---

[1] Das „Gemalte Leben" ist eine Serie von 50 Bildern (ursprünglich 54), die wichtige äußere und vor allem innere Ereignisse aus dem Leben Mary Wards illustrieren.

MARY WARD
1585-1645

Mary Ward bahnte der Idee eines apostolischen Ordenslebens für Frauen in der Kirche den Weg. Trotz Widerstandes von innerhalb und außerhalb der Kirche verloren Marys gleichgesinnte junge Gefährtinnen nie den Glauben an sie. Sie folgten ihr auf anstrengenden Reisen quer durch Europa; sie folgten ihr in Armut, in Schande und Leiden – bis ans Ende. Niemals stellten sie die Führungsrolle dieser „unvergleichlichen Frau" (Papst Pius XII.) in Frage.

Mary Ward wurde 1585 in der Nähe von Ripon in Yorkshire geboren. Für viele war dies eine großartige Epoche: Besonders die Jugend nahm ihr Schicksal in beide Hände und stürzte sich in die Abenteuer der Erforschung neuer Kontinente, neuer wissenschaftlicher Entdeckungen und technischer Errungenschaften oder entfaltete ihre kreativen Kräfte in Literatur, Kunst und Musik. Neue, aufregende politische Philosophien entstanden, während im Bereich der Religion jeder Schritt gefährlich sein konnte. Für Katholiken war es die denkbar schlechteste Zeit: Die Verfolgung erreichte ihren Höhepunkt, und im Norden Englands hatte der Earl of Huntingdon der Königin versprochen, den alten Glauben auszumerzen. Dennoch blieb die Familie der Wards standhaft bei ihrem katholischen Bekenntnis. Als Kind von noch nicht zehn Jahren hörte Mary bereits von der Hinrichtung der 22 Märtyrer in York, von den Jahren der Gefangenschaft ihrer Großmutter, die die Ratten in ihrem Verlies mit einem Stock verjagen musste, und von den Leiden der Gefangenen in York Castle und in den Block Houses von Hull.

Nur das höchste Ziel war gut genug für Mary. Bereits als kleines Kind träumte sie vom Martyrium, und mit 15 Jahren beschloss sie – etwas mehr geerdet - in den strengsten Orden einzutreten, den sie finden konnte. Mit 21 Jahren lernte sie das Leben als Laienschwester bei den Armen Klarissen kennen.

Dann griff Gott ein und zeigte ihr durch eine Reihe von geistlichen Erfahrungen, dass ihr Weg nicht der einer Armen Klarissin sein würde und dass sie auch nicht in einen der bereits bestehenden Orden eintreten sollte, sondern zu „etwas anderem" bestimmt sei, das Gott große Ehre bringen werde. Bereits mit Anfang zwanzig wählte die idealistische junge Frau als ihren Weg, ausschließlich dem Willen Gottes zu folgen. „*Ich wünsche mir nicht mehr und nichts anderes als Seinen Willen*", schrieb sie im Jahr 1619, und diese wenigen Worte beschreiben am besten das Grundprinzip ihres Lebens. So gab es dann auch in ihrem weiteren Leben keine aufsehenerregenden Heldentaten, sondern einfach Schritt für Schritt das Ringen um das Erkennen von Gottes Willen und die Ausführung des Erkannten, manchmal in Ungewissheit und immer im Angesicht von Widerständen und gewaltigen Hindernissen. Sie musste Verleumdungen durch ihre Gegner und die Untreue mancher Freunde erfahren, und ihre treuen Gefährtinnen waren zermürbender Armut und schlimmer Krankheit ausgesetzt.

Marys Lebenswerk begann im Jahr 1609, als sie eine Gruppe von sieben gleichgesinnten jungen Freundinnen um sich scharte und sich in der flämischen Stadt St. Omer niederließ, durchdrungen von der Idee, zukünftig ganz für die Seelsorge zu arbeiten. Die kleine Gemeinschaft gründete eine Schule, um ihr Apostolat voranzutreiben und ihren Lebensunterhalt zu bestreiten. Selbst führten sie dabei ein sehr strenges, entsagungsvolles Leben - als ein Mittel, Gottes Ruf klarer zu erkennen. Im Jahr 1611 wies eine Vision Mary den Weg zu einem Leben nach den Regeln des hl. Ignatius. Dies schien Unmögliches zu fordern, waren doch die Jesuiten mit dem Ziel gegründet worden, der Kirche auf jede mögliche Weise zu dienen, und ihre Ordensregeln gaben ihnen dafür alle nötige Bewegungsfreiheit. Durch das Konzil von Trient (1545-1563) waren jedoch die Kirchengesetze, die Ordensfrauen strengste Klausur auferlegten, noch mehr eingeschärft worden, und die Gründung von neuen Orden ohne kirchliche Genehmigung war weiterhin ausdrücklich verboten.

Nichtsdestotrotz begann Mary, einen Plan für ihre neue Gesellschaft zu entwerfen: ohne strenge Klausur und geführt von einer der Ihren als Generaloberin, direkt der päpstlichen Autorität

„Ich wünsche mir nicht mehr und nichts anderes als Seinen Willen"

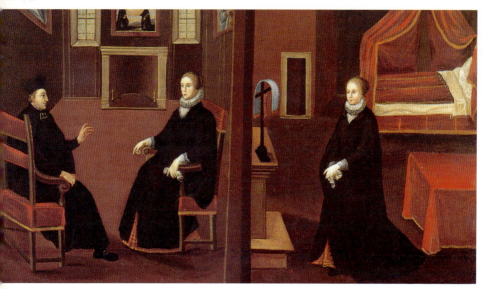

> *Mary Ward mit P. Roger Lee SJ, Sommer 1609*

unterstellt. Gleichzeitig gründete sie weitere Häuser in Lüttich, Köln und Trier und entsandte Mitglieder ihrer Gesellschaft zum Dienst in der Englischen Mission. Doch es erhob sich Widerstand gegen die Frauen, die vorgaben, Ordensleute zu sein, aber keine Klausur einhielten. In St. Omer und sogar in England wurden sie als *„Galloping Girls"* und *„Wander-Nonnen"* verschrien. Nur die päpstliche Anerkennung der Gesellschaft konnte in dieser Situation helfen, und dies machte eine Reise nach Rom erforderlich.

Die Gefährtinnen hatten kein Geld für die Reise mit einer Kutsche, und so machte sich eine unerschrockene kleine Gruppe im Oktober 1621 zu Fuß von Flandern aus auf den Weg. Banditen, gesetzlosen Soldaten, schmutzigen Gasthäusern und verschneiten Bergpässen trotzend, legten die Weggefährtinnen über 1.500 Meilen zwischen Flandern und Rom zurück und erreichten die Stadt gerade rechtzeitig zum Weihnachtsfest. Dann aber folgten vier Jahre der ständigen Enttäuschungen. Zwei aufeinander folgende Päpste, Gregor XV. und Urban VIII., empfingen die Gefährtinnen zwar freundlich und waren tief beeindruckt von Marys Persönlichkeit und Heiligkeit, aber eine offizielle Anerkennung war nur um den Preis der strengen Klausur zu erhalten.

Mary war jedoch überzeugt, dass dies gegen Gottes Willen sei, und erklärte, sie würde keine Klausur akzeptieren, selbst wenn diese nur aus *„zwei gekreuzten Stöcken"* bestünde.

Sie gründete in Rom eine Schule für arme Mädchen, weitere Gründungen folgten in Neapel und Perugia. Doch als die päpstliche Anerkennung ausblieb und die Häuser in Italien geschlossen werden mussten, entschied sie sich im Jahr 1626, Rom zu verlassen und die nördlichen Gründungen in St. Omer, Lüttich, Trier und Köln zu besuchen.

Dann kam eine unerwartete Wendung des Schicksals zum Positiven: Ein Treffen mit dem Kurfürsten Maximilian I. von Bayern im Jahr 1627 ermöglichte die Gründung des Paradeiserhauses in München. Es hatte sofort großen Erfolg, und Mary schrieb bald begeistert, dass ihre Mitschwestern jetzt überall gefragt wären. Der Kaiser selbst ermöglichte eine Gründung in Wien, und Kardinal Pázmány wurde der Freund und Schirmherr eines neuen Hauses in Pressburg (Bratislava). Es schien, als würde die Bestätigung, die Rom verweigert hatte, nun durch königliche und öffentliche Anerkennung gewährt. Aber alles erwies sich doch nur als Strohfeuer. Während die neuen Häuser in Mitteleuropa errichtet wurden, gerieten die früheren Gründungen in den spanischen Niederlanden und im Rheinland immer mehr ins Kreuzfeuer kirchlicher Kritik, und es wurden bereits Pläne für ihre Unterdrückung geschmiedet.

Am 13. Januar 1631 kam es zum entscheidenden Schlag, als Papst Urban VIII. die päpstliche Bulle *„Pastoralis Romani Pontificis"* unterzeichnete, in der er die „Jesuitinnen" mit schärfsten Worten verdammte und das Institut für vollständig *„unterdrückt, aufgehoben, ausgerottet und auf Dauer vernichtet"* erklärte.

Den Mitgliedern wurde mitgeteilt, dass ihre Ordensgelübde null und nichtig seien; sie wären frei, in das weltliche Leben zurückzukehren, zu heiraten oder in einen bereits bestehenden Orden einzutreten. Mary Ward wurde wegen Häresie angeklagt und im Angerkloster in München inhaftiert, Winefrid Wigmore wurde in Lüttich festgenommen, und beide wurden mit einem Verfahren vor dem „Heiligen Offizium", dem Inquisitionsgericht, bedroht.

Marys Werk lag in Trümmern. Die Schulen waren aufgelöst, die Häuser geschlossen und sie selbst in Misskredit gebracht. Die Mehrheit der Ordensmitglieder verließ das Institut, nur

> *Mary Ward kurz vor ihrem Tod – Versprechen des ewigen Lebens*

schätzungsweise 50 Schwestern blieben ihm treu. Und trotzdem war nicht alles verloren!

Einer begrenzten Zahl von Mitgliedern wurde gestattet, weiter als Laien im Paradeiserhaus zu leben, die Londoner Gemeinde schien gänzlich außerhalb der Reichweite der Inquisition zu sein, und mit einer neuen überraschenden Kehrtwendung nahm der Papst die „Englischen Fräulein" in Rom unter seinen besonderen Schutz, versorgte sie mit einer monatlichen Unterstützung und sprach sehr warmherzig über Mary Ward und ihren Einfluss auf die, die ihr begegneten. Aus diesen bescheidenen „Resten" sollte ein neues Institut entstehen!

Inzwischen war Mary Ward, aus dem Gefängnis entlassen und vom Papst rehabilitiert, von der Inquisition verpflichtet worden, unter strenger Aufsicht in Rom zu leben. Lediglich wegen ihrer schweren Erkrankung erhielt sie 1637 die Erlaubnis, die Stadt zu verlassen und zur medizinischen Behandlung nach Spa zu reisen. Mit einer erweiterten Erlaubnis durfte sie später weiter nach London und Nordengland reisen, aber mit der Auflage, schließlich nach Rom zurückzukehren.

Doch während sie mit ihren treuen Gefährtinnen in Heworth Manor, einem von Sir George Thwing zur Verfügung gestellten Haus, lebte, ereilte sie am 30. Januar 1645 der Tod. Der verarmte Vikar des Nachbarortes Osbaldwick bot für die Beisetzung eine Grabstätte auf seinem abgelegenen kleinen Dorffriedhof an. Als diese bedeutende Frau aus Yorkshire in die Erde Yorkshires gesenkt wurde, erhob sich eine laute Stimme über das Gemurmel der versammelten Menge: *„Solch eine großartige Frau hat es noch nie gegeben! Nein, niemals!"* Diese wenigen Worte sollten auch das Urteil der Nachwelt werden.

WINEFRID WIGMORE
1585-1657

Winefrid Wigmore war eine der vertrautesten Gefährtinnen Mary Wards. Die hochintelligente Frau beherrschte fünf Sprachen und schrieb gut. Sie wirkte als Marys Sekretärin und sorgte für ihre Gesundheit. Ihr sonst klares Urteilsvermögen verließ sie gelegentlich aus falsch verstandener Loyalität. Manchmal unterschrieb sie mit „Winefrid Campion", einem Pseudonym zum Schutz vor Entdeckung.

Lucton ist ein kleines Dorf unweit der walisischen Grenze im ländlichen Herefordshire, und Lucton Manor liegt weit ab vom Getriebe der großen Städte Englands. Das Haus ist solide aus gelbem Sandstein gebaut. Obwohl es durch die Modernisierung der Fenster viel von seinem ursprünglichen Charakter verloren hat, so lässt sich doch erahnen, in welch freundlich-großzügigem Heim Winefrid Wigmore und ihre elf Geschwister geboren und aufgewachsen sind.

Sir William Wigmore, Winefrids Vater, war Katholik aus Überzeugung, und er bestand darauf, dass alle Mitglieder der Familie als Katholiken erzogen wurden. Wenn er dennoch gelegentlich den Gottesdienst der anglikanischen Ortskirche besuchte, dann nur, um sein Anwesen vor der Beschlagnahmung zu schützen. Seine Gattin Anne machte keine solchen Zugeständnisse. Sie war die Tochter von Sir John Throckmorton (oder Throgmorton) aus Coughton in Warwickshire und wurde von einem ihrer Söhne als *„äußerst strikt bei der Durchsetzung katholischer Glaubensdisziplin in der Familie"* beschrieben. Ihre Sorgfalt bei der religiösen Erziehung ihrer Kinder trug reiche Früchte. Drei von Winefrids Brüdern wurden Jesuiten, und mindestens zwei ihrer Schwestern entschieden sich für das Ordensleben. Elizabeth trat in den Orden der Englischen Benediktinerinnen in Gent ein, und Helen wurde Karmeliterin in Antwerpen.

Es ist schwierig, ein klares Bild von Winefrids Kindheit zu erhalten. Der einzige überlieferte Nachruf ist so überschwänglich geschrieben, dass er dem Leser übertrieben vorkommt. Sie scheint ein frommes Kind gewesen zu sein. In ihrer Familie wurde sie, vielleicht mit liebevoller Neckerei, die *„kleine Heilige"* genannt. Sie war gut ausgebildet, konnte fünf Sprachen lesen und Trennfehler, insbesondere fließend Französisch und Italienisch. Sicher müssen auch ihre Lateinkenntnisse gut gewesen sein, da Mary Ward, die besonderen Wert auf diese Sprache legte, sie für das gute Latein ihrer Schülerinnen lobte. Sie scheint auch eine große Beterin gewesen zu sein, denn Helena Catesby berichtet von den langen Stunden, die ihre Direktorin im Gebet verbrachte.

Mary Ward und Winefrid waren über die Familie der Throgmortons verwandtschaftlich verbunden, und nach einer Institutstradition trafen sie sich erstmals bei einer Versammlung von Katholiken in Coughton Court im Jahr 1605, gerade zur Zeit der Aufdeckung der Pulververschwörung. Während Mary bereits im Begriff war, ihrer Berufung zu folgen und bei den *„Armen Klarissen"* in Flandern einzutreten, hatte Winefrid damals noch keine konkreten Zukunftspläne. Gesichert ist, dass sie sich im Jahr 1609 in London wiedersahen, als Mary das Klarissenkloster verlassen hatte. Denn Gott hatte ihr gezeigt, dass er *„eine andere Aufgabe"* für sie hatte - eine Aufgabe, die zu Seiner größeren Ehre sein würde. Winefrids liebevolle Natur fühlte sich von Marys Persönlichkeit angezogen, während ihr starker Glaube in Marys Plänen eine erstrebenswerte Berufung erkannte.

Mary lebte in dem eleganten Stadtviertel ‚The Strand', ihre modische Kleidung als Tarnung für ihre apostolische Mission unter den verfolgten Katholiken benutzend. Einige Freundinnen waren bereits ihre glühenden Anhängerinnen, und Winefrid gehörte bald zu der kleinen Gesellschaft, voll Eifer, sich in das neue Wagnis zu stürzen. In der Gemäldeserie des *„Gemalten Lebens"* gibt es ein Gruppenbild der Gefährtinnen vor der Abreise aus England. Man sieht Winefrid dort an Marys rechter Seite sitzend, eine Stellung, die sie in Marys restlichem Leben immer wünschen und auch oft ausfüllen würde.

Nachdem sich die kleine Gesellschaft in St. Omer niedergelassen hatte, vertauschten sie ihre Halskrausen und modischen Roben mit einfachen schwarzen Kleidern und lebten fortan ein sehr strenges, karges Leben, um Gottes Willen für sich zu entdecken. Als die Zeichen immer klarer auf ein Apostolat nach dem

„seien Sie versichert, dass Gott alles tun wird, was Ihm gefällt, in Ihnen und durch Sie"

> *Überfahrt am Tag des hl. Jakob 1618. Hinten im Boot –
> Winefrid links von Mary Ward*

Vorbild der Jesuiten deuteten, gründete Mary weitere Häuser ihrer Gesellschaft in Lüttich, Trier und Köln, immer mit Winefrid an ihrer Seite. Winefrid sah sich angesichts von Marys schon damals labiler Gesundheit gerne in der Rolle der Krankenpflegerin. Aber Mary schätzte diese Fürsorge nicht besonders, sondern zog es vor, ihre Sprachbegabung zu nützen, und setzte sie oft als persönliche Sekretärin ein.

Winefrid begleitete Mary ganz sicher auf einigen ihrer Londonreisen, nahm Teil an der Missionsarbeit in England, und es könnte gut sein, dass sie bei dem Besuch im Lambert Palace dabei war, bei dem Mary aus Enttäuschung über die Abwesenheit des Erzbischofs ihren Namen mit einem Diamanten in eine Fensterscheibe ritzte.

Je aktiver die Gesellschaft wurde, desto stärker wuchs der Widerstand gegen die Ordensfrauen, die ohne Klausur lebten, und weit über St. Omer hinaus verbreitete sich das Geschrei über die „Galloping Girls", die „Jesuitinnen", „Wander-Nonnen" und „geschwätzigen Flittchen". Mary entschied, dass die Anerkennung ihrer Gesellschaft in der katholischen Kirche nur durch eine päpstliche Bestätigung erreicht werden konnte, und solch eine Bestätigung war nur zu erlangen, wenn sie ihre Pläne dem Papst selbst vorlegte. Aber Rom war 1.500 Meilen entfernt, und es gab kein Geld für eine Kutsche. So vollbrachte die unerschrockene Gruppe die erstaunliche Leistung, die Reise als Pilgerinnen gekleidet zu Fuß zu bewältigen. Winefrid teilte dabei alle Gefahren und Beschwernisse der Gefährtinnen, wie z.B. das Winterwetter, die verschneiten Pässe, die Gasthäuser voll mit Flöhen und Räubern und die disziplinlosen Soldaten des Dreißigjährigen Krieges. In Rom angekommen, erlebten sie viele Enttäuschungen und Niederlagen, als ihr Vorhaben keinerlei Fortschritte machte. Schließlich erkrankte Barbara Ward auf den Tod, und Winefrid widmete der Schwerkranken all ihre Zeit und ihre Heilkunst, doch es war vergeblich. Barbara starb am 25. Januar 1623.

Barbaras Tod könnte zu Marys Entscheidung beigetragen haben, ein Ordenshaus in Neapel zu gründen, weit weg von dem Schmutz und der Hitze Roms. So brach sie am 12. Mai 1623 mit Winefrid als Begleiterin nach Süden auf. In Neapel angekommen konnten sie das ihnen versprochene Haus in Besitz nehmen. Es war in einem erbärmlichen Zustand, gänzlich ohne Möbel, aber sie schliefen unerschrocken auf dem bloßen Fußboden auf Stroh, bis ihnen eine freundliche Wohltäterin Betten aus ihrem Haus schenkte. Schrittweise nahm die Gründung Gestalt an, und im September wurde die Genehmigung zur Eröffnung der Schule erteilt. Mühe und Entbehrungen bedeuteten keine besondere Härte für Winefrid. Aber als Mary im November nach Rom zurückkehrte und sie, unter der Leitung von Susanna Rookwood, mit der Betreuung der Novizinnen und der Verwaltung der Schule betraute, erlebte sie die Trennung sehr schmerzlich. Es folgte ein Briefwechsel, der einerseits Winefrids leidenschaftliche Verehrung für Mary bewies und andererseits auch Marys aufrichtige Zuneigung zu ihrer alten Freundin zeigte. Gleich nach ihrer Ankunft in Rom schrieb Mary an Winefrid von *„der Zuneigung, die ich jetzt und immer für Sie empfinde"*. Aber die Situation entwickelte sich noch schmerzlicher für Winefrid, als sie von der beabsichtigten Neugründung in Perugia erfuhr. Es war vermutlich die erste Gründung, bei der sie nicht an Marys Seite stehen durfte. Sie scheint ihr einen Brief geschrieben zu haben, in dem sie sich zwar Gottes Willen unterwarf, jedoch um die Erlaubnis flehte, Mary bei der Gründung in Perugia unterstützen zu dürfen. Marys Antwort war mitfühlend, aber eindeutig:

„Meine liebe Win,

Ihre vollkommene Ergebenheit und Ihre Abhängigkeit von Gottes Willen und von Ihren Vorgesetzten schätze ich viel höher, als wenn Sie zwar die Gnade hätten, Wunder zu vollbringen, aber diese Unterordnung nicht hätten. Gehen Sie weiter auf Ihrem begonnenen Weg und seien Sie versichert, dass Gott alles tun wird, was Ihm gefällt, in Ihnen und durch Sie. Und Sie können gar nicht anders, als der unendlich lieb sein, der Sie vertrauen, dass sie es nie an Liebe und Fürsorge für Sie fehlen lassen wird. Und was Ihre Bestimmung für diesen oder einen anderen Ort und für welche Aufgabe betrifft, [überlassen Sie] diese Sorge mir, wie Sie es bisher so treu getan haben. Ihre Aufgabe ist es, immer bereit zu sein, und indifferent gegenüber dem, was bestimmt werden mag, und das vollkommen und gut zu tun, was Ihnen zugewiesen wird.

…in aller Kürze, in Lüttich entwickelt sich alles sehr schlecht. Und in England werden die Unseren auch sehr verleumdet…

Leben Sie wohl, meine liebe Mutter…Jesus sei mit Ihnen.

Die Ihre in allem, was Sie nur wünschen können

Mary Ward
Rom, den 18. Januar 1624"

Der Austausch sehr persönlicher Briefe wurde intensiv fortgesetzt. Winefrid ist dabei stets um Marys Gesundheit besorgt, und Mary spricht, während sie ständig ihre Zuneigung für Winefrid beteuert, eher praktische Angelegenheiten an. So zum Beispiel entschied sie, dass Novizinnen im Gegensatz zur Auffassung der örtlichen Jesuiten auch ohne Aussteuer oder Mitgift aufgenommen werden sollten.

Winefrid hatte alle Eigenschaften einer guten, treuen und verlässlichen Untergebenen, aber es fehlte ihr an Führungsqualitäten. Als z.B. Susanna Rookwood am 25. Mai 1624 plötzlich verstarb und sie zur Vize-Rektorin ernannt wurde, stellte die Last der Verantwortung, obwohl nur vorübergehend, für sie eine Überforderung dar. Sie bat Mary, nach Neapel zu kommen und weitere Schwestern zu entsenden, um die wachsenden Aufgaben zu bewältigen. Mary war zu sehr beschäftigt, um Rom zu verlassen, aber sie schrieb einen ausführlichen Bericht über ihre Audienz bei Papst Urban VIII. und sandte schließlich Joanna Browne und Mary Ratcliffe zur Verstärkung der Kommunität. Zu Winefrids großer Erleichterung wurde Mary Ratcliffe zur Oberin ernannt.

Immer noch besorgt wegen Marys Gesundheit sandte Winefrid etwas Geld für ihre Pflege, und Mary nutzte die Gelegenheit des Dankes für eine milde Zurechtweisung wegen der von ihr als zu persönlich empfundenen Zuneigung Winefrids :

„Ich kann nicht anders, als Ihre große Fürsorge und den Wunsch nach Gesundheit für mich voll anzuerkennen. Bewahren Sie diese Einstellung aber auch gegenüber meiner Nachfolgerin, wer immer das sein mag. Denn auch wenn ich mein Amt noch nicht aufgebe, so hoffe ich doch, dass Sie viel länger leben werden als ich. Wahrlich, meine Mutter, Sie würden nicht glauben, wie sehr der geringste Mangel an Einheit doch in allem hindert und lähmt. Meine Liebe zu Ihnen ist nicht gering, und deshalb möchte ich, dass Sie sich vor einem Verlust dieses Schatzes hüten. Bitten Sie deshalb manchmal Gott, dass er Ihnen die Gnade gewährt, immer vollständig und gänzlich mit Ihren Vorgesetzten (Ich meine die Generaloberin und auch andere Oberinnen, soweit deren Wille der ihrige ist) vereint zu sein, im Wollen und im Wirken. Oh, Win, welch reiche Ernte werden Sie dann haben, wenn alles Gute einst gesammelt wird. Ich will mich Ihnen anschließen und diese Gnade für Sie erbitten, denn dies scheint mir etwas Großes, und wer diese Gabe besitzt, hat sehr viel, und es mangelt ihm nur wenig.

Leben Sie wohl, liebe Win, beten Sie für Ihre
Mary Ward"

Die Zeit verging, und der versprochene Besuch in Neapel schien in weite Ferne gerückt. Im Dezember 1625 schrieb Winefrid mit trockenem Humor, sie würde sich fast wünschen, dass Marys Gegner sie aus Rom vertreiben würden, so dass sie dann nach Neapel kommen müsste. Mary antwortete: *"Es scheint mir, dass Gott Freude daran hat, Sie zu erfreuen, denn unsere Gegner waren sehr eifrig und haben sich nicht wenig Mühe gegeben, uns Schwierigkeiten zu bereiten"*. In diesem Brief sprach sie die Hoffnung aus, das Fest der Heiligen Emerentiana (23. Januar, Marys Geburtstag) in Neapel zu feiern. Endlich fand der versprochene Besuch dann doch statt.

> *Unterschrift: Winefrid Wigmore*

Auf ihrer Rückreise nach Rom kam Mary zu dem Schluss, dass ihre Anwesenheit dort sie ihrem Ziel - einer offiziellen Anerkennung - nicht näher brachte, und so brach sie auf, die Häuser im Norden zu besuchen. Eine eher zufällige Begegnung mit dem Kurfürsten von Bayern führte zur Gründung des Paradeiserhauses in München. Auf Bitten des Kurfürsten wurde eine Schule eröffnet und erwies sich als so erfolgreich, dass Mary an das aufblühende Haus in Neapel schrieb und Winefrid um die Entsendung einiger Novizinnen nach München bat.

Aber die Dinge entwickelten sich nicht gut für das Institut als Ganzes, und Ende 1627 berief Mary Winefrid selbst nach München. Da sie zu Fuß nur langsam vorankam, erreichte Winefrid Rom erst im Februar 1628 und fand dort einen Brief von Mary, der sie schon erwartete. Er lautete:

> *„Liebe Win,*
>
> *willkommen in Rom. Ich habe längere Zeit geglaubt, dass ich die Freude haben würde, Sie dort zu treffen. Aber dies kann ich jetzt nicht, wie Gott weiß, und Sie werden mir das ohne weiteres glauben. Ich bin nach München gereist.... Vergessen Sie nicht, wenn Sie können, mir die Mäntel und die Bücher mitzubringen, von denen ich Ihnen schrieb, Leben Sie wohl, meine Mutter! Jesus, Jesus möge Sie bewahren und führen.*
>
> *Wien, 9. Februar 1628"*

Schwer bepackt mit Büchern und Mänteln erreichte Winefrid München erst im Mai. Wieder war es nicht Mary selbst, die sie dort begrüßte, sondern ein Brief, den Mary diesmal aus Prag geschrieben hatte:

> *„Sie wissen, dass ich Sie tausend Mal willkommen heißen würde, wenn das notwendig wäre, aber ebenso sehr möchte ich Ihnen danken für Ihre so vielen wohltuenden Briefe, die mir nicht wenig Trost brachten. Wohin Gott Sie senden wird, weiß ich bis jetzt noch nicht, noch ob wir hier in Prag ein Haus gründen werden oder nicht... Mit Gottes Hilfe werde ich mit der nächsten Post in dieser Angelegenheit entscheiden, ob ja oder nein."*

Im Herbst 1628 waren die zwei Freundinnen endlich zusammen in München. Mary war ernsthaft erkrankt und brauchte Winefrids ganzes pflegerisches Geschick. Aber schon erforderten

> *Haus St. Martin, Lüttich, Gartentor*

dringende Aufgaben ihre Anwesenheit in Rom, und trotz ihrer starken Schmerzen wagte sie die Reise dorthin, mit Winefrid Wigmore und Elizabeth Cotton als ihren Weggefährtinnen. Es ist klar, dass Winefrid im nächsten Akt des Dramas eine wichtige unterstützende Rolle spielte. Ihr und Elizabeth diktierte Mary die Geschichte der ersten 20 Jahre des Instituts und die Bitte um seine Förderung, und sie war es, die Mary zu der Papst-Audienz und dem Treffen mit der Kongregation der vier Kardinäle begleitete. Urban VIII. war freundlich und höflich, und die Kardinäle waren tief beeindruckt von Marys Bescheidenheit und Demut. Aber gegnerische Kräfte, die Tradition und die Bestimmungen des Konzils von Trient wogen alle schwer gegen das Institut, und seine Zerschlagung begann.

Zurück in München hörte Mary Ward von Dekreten zur Unterdrückung des Instituts, aber da sie nicht öffentlich bekannt gemacht worden waren, konnte sie nicht glauben, dass sie wirklich vom Papst autorisiert waren. Deshalb schrieb sie den fatalen Brief vom 6. April 1630, in dem sie die nördlichen Häuser anwies, die Dekrete nicht zu beachten. In Lüttich waren die Verhältnisse zugegebenermaßen chaotisch, und Mary, die nicht in der Lage war, die Häuser selbst zu besuchen, ernannte Winefrid Wigmore zu ihrer Vertreterin oder Visitatorin. Die arme Win, in Unwissenheit über die tatsächliche Lage der Angelegenheit, nicht ausgebildet

im Kirchenrecht und ohne Erfahrung mit der kirchlichen Diplomatie, beging einen Fehler nach dem anderen und machte eine schlimme Lage noch viel schlimmer. Sie entließ die Oberin, Mary Copley, aus ihrem Amt und ersetzte sie durch Elizabeth Hall, die nicht weniger unzufrieden [mit der ihr zugemuteten Rolle] war. Winefrid bestand darauf, dass die *„Gebräuche"* des Hauses wieder eingeführt wurden, einschließlich des Läutens der Glocken, das als Zeichen eines Ordenshauses ausdrücklich verboten worden war. Stets loyal zu Mary Ward, bestand sie darauf, dass nicht einmal der Papst die Schwestern ohne Zustimmung der Generaloberin von ihren Ordensgelübden entbinden könne.

Als Winefrid dem Nuntius Pierluigi Carafa von Angesicht zu Angesicht gegenübertrat, war die Spannung so groß, dass sich eine bedauerliche Szene abspielte. Der Nuntius erklärte, dass Mary keine *„Gentlewoman"* sei, keine Dame von Stand, und Winefrid, tief getroffen, schlug alle guten Manieren in den Wind und erwiderte scharf, indem sie Carafa daran erinnerte, dass er seinen Titel gekauft hatte. Im folgenden Verhör tat Winefrid ihr Äußerstes, um ihre anerkannte Gehorsamspflicht gegenüber dem Papst und die Loyalität gegenüber der Autorität, die, wie sie glaubte, Mary als Generaloberin immer noch besaß, in Einklang zu bringen. Das Resultat war nie zweifelhaft, der Sieg war auf Seiten des Nuntius.

In der Zwischenzeit war Marys Brief vom 6. April in die Hände der Inquisition gelangt, deren Mitglieder ihn als einen Akt des Ungehorsams gegenüber der Kirche ansahen. Am 5. Dezember 1630 ordneten sie an, dass Mary in München und Winefrid in Lüttich inhaftiert werden sollten. Marys Strafe war streng und schwer und tatsächlich sogar lebensbedrohlich, aber sie wurde mit ruhiger Unterwerfung angenommen. Winefrids Verhaftung verlief in jeder Beziehung wesentlich dramatischer und endete ein wenig komödienhaft. Am 13. Februar informierte sie der Nuntius, dass sie sich um zwei Uhr in seinem Palast einzufinden habe. Sie wandte ein, dass sie wegen der drohenden Gefahr, von Gläubigern des hochverschuldeten Hauses ergriffen zu werden, das Gebäude nicht verlassen könne. Der Kaplan des Nuntius versprach daraufhin, sie mit der Kutsche abholen zu lassen. Aber der Nuntius überlegte sich dies noch einmal, erschien persönlich bei Winefrid und brachte den Generalvikar von Lüttich, den

Bürgermeister und zwei Jesuiten mit. Winefrid leistete auch bei diesem Aufgebot von Autoritäten Widerstand, und es musste Gewalt angewendet werden, um sie dazu zu bringen, die Kutsche zu besteigen, die sie fortbringen sollte.

Die „Grauen Schwestern" hatten sich bereiterklärt, die Gefangene aufzunehmen – zögernd und nur für sechs Wochen, wie sie später erklärten. Winefrid sollte zwar unter strenger Aufsicht sein, aber ihre Haftbedingungen waren ungleich weniger streng als die, die Mary in München auferlegt worden waren. Es scheint, dass sie eher unter einer Art Hausarrest stand als tatsächlich in Haft zu sein. Ihre Dokumente wurden ihr abgenommen, aber später wieder zurückgegeben, und es wurde ihr gestattet, Besuch zu empfangen. Die Schwestern überließen ihr in ihrer Herzensgüte das Krankenzimmer und erlaubten ihr, eines ihrer zwei Sprechzimmer zu benutzen.

Die Zeit verging, aus sechs Wochen wurden sechs Monate und schließlich ein Jahr. Die anfängliche Gastlichkeit wandelte sich in den dringenden Wunsch, den Gast, der ihre Gastfreundschaft so überstrapazierte, wieder loszuwerden. Die Schwestern beklagten sich, dass sie Winefrid niemals so lange hätten behalten wollen, dass sie einen Raum belege, den sie dringend für ihre eigenen kranken Mitschwestern bräuchten, dass sie ein Sprechzimmer ganz für sich allein nutze, dass sie keine Bettwäsche mitgebracht hätte und dass sie nicht mithelfe, sondern sich von einer Laienschwester bedienen lasse. Die finanzielle Belastung, die Winefrid für sie bedeutete, wurde noch verstärkt durch ihr Eingeständnis, keine Ordensfrau zu sein, weshalb sie keinen Anspruch mehr auf die Almosen hatte, die das karge Einkommen des Klosters hätten verbessern können. Die Klagen wurden so dringlich, dass der Nuntius schließlich selbst um Winefrids Entlassung ersuchte. So endete die 15-monatige Internierung am 28. Mai 1632. Im Herbst brach sie dann nach Rom auf. Nach ihrer Ankunft am 23. Dezember wurde ihr erlaubt, im selben Haus wie *„Maria della Guardia"* [Mary Ward] zu wohnen. Die zwei Freundinnen waren wieder vereint.

Marys Haushalt umfasste etwa acht bis zehn Mitglieder, die ihr treu geblieben waren. In dem Bewusstsein, ständig von Spionen beobachtet zu werden, lebten sie zurückgezogen und benutzten zur Korrespondenz mit München Code-Worte. Sie mieteten ein Haus in der Nähe von Santa Maria Maggiore und halfen, das Institut am Leben zu erhalten („to nurse the Institute back to life"), obwohl sie eingestandenermaßen als Laien lebten. Winefrid war glücklich, als Marys Sekretärin zu arbeiten und sich um ihre schlechte Gesundheit zu kümmern. Wiederholte Besuche in San Casciano brachten wenig Besserung, sodass Mary schließlich entschied, eine Kur im Heilbad Spa in der Nähe von Lüttich zu versuchen. Der Papst gab ihr die Erlaubnis, Rom zu verlassen, und 1637 brach sie auf, begleitet von Winefrid Wigmore, Mary Poyntz und Anne Turner.

Die Reise war qualvoll, gefährlich und, was das Ergebnis betraf, enttäuschend, weil das Heilwasser von Spa Mary wenig Erleichterung brachte. Unverzagt entschied sie deshalb, nach England weiterzureisen, wo sie im Mai 1639 eintraf. Sie hatte gehofft, in London eine Schule gründen zu können, aber die politische Lage war so bedrohlich, dass die Gruppe weiter nach Norden reiste. Erst in dem kleinen Dorf Heworth, außerhalb von York, wurden eine Hausgemeinschaft und eine kleine Schule gegründet. Heworth Manor wurde ihnen von Sir George Thwing zur Verfügung gestellt. Es war ein angenehmer Zufluchtsort, doch die Gruppe sollte dies nicht lange ungestört genießen können. Im Sommer 1644 machte der Vormarsch der Truppen des Parlaments einen hastigen Umzug nach York nötig. Als die Belagerung der Stadt beendet war, kehrte die Kommunität zwar zurück nach Heworth, aber es war deutlich, dass Mary nicht mehr lange am Leben bleiben würde. Sie sehnte sich immer mehr, Nachrichten über die anderswo lebenden Mitglieder zu erhalten, und im Dezember wurde klar, dass eine Reise nach London notwendig sein würde, um mehr Informationen zu bekommen. Diese Reise musste zu Fuß unternommen werden, auf winterlichen und von einander bekämpfenden Armeen besetzten Straßen. Das war eine erschreckende Herausforderung, die man nur einem jungen Menschen zutrauen würde. Aber Winefrid verzichtete auf ihr Recht, als ihre älteste Gefährtin an Marys Krankenbett zu bleiben, und meldete sich freiwillig, den Weg zu wagen, ohne auf ihr Alter von 60 Jahren zu achten. Nur von einer einzigen Dienerin begleitet machte sie die Reise, sammelte Nachrichten und fand ihre Freundin noch am Leben, als sie zurückkehrte.

Als Mary die ganze Hausgemeinschaft an ihrem Bett versammelte, war es Winefrid, die sagte: *„Wir sind alle bei Dir."*

„*Ich wünschte, es wären alle hier*", antwortete Mary in einem Moment der Trauer, als sie an all die treuen Gefährtinnen dachte, die verstreut anderswo lebten, und an jene - darunter einige alte Freundinnen wie Anne Gage -, die ihre Gesellschaft verlassen hatten. Gemeinsam mit den anderen Gefährtinnen kniete Winefrid an Marys Bett, um ihr letztes Vermächtnis zu empfangen: „*Lebt Eure Berufung auch weiterhin beständig, wirksam und liebevoll*"

Es fiel Winefrid zu, gemeinsam mit Mary Poyntz in Osbaldwick einen gastlichen Platz für das Begräbnis zu finden, die Inschrift auf dem Grabstein zu wählen und schließlich in *„A Briefe Relation"*[2] ihrer großen Anführerin ein schriftliches Denkmal zu setzen.

Aber das Leben musste weiter gehen, und mit Mary Poyntz als Oberin und Winefrid als Schulleiterin lebte die Gesellschaft weitere fünf Jahre in Heworth. Allerdings änderte sich um 1650 die Situation. Sir George Thwing hatte eine ständig wachsende Familie, und wegen seiner Unterstützung der Royalisten im Bürgerkrieg war sein Einkommen immer geringer geworden. Er brauchte Heworth Manor nun selbst.

Um die selbe Zeit waren die Gefährtinnen auch zunehmend unglücklich unter Cromwells Herrschaft, und ein Geschenk von 500 Pistoles [spanische Goldmünzen] durch den Marquis von Worcester kam gerade recht, um den Umzug nach Paris zu ermöglichen. Die Kommunität gründete eine neue Schule in der Rue du Vieux Colombier, und dort diente Winefrid wieder als Schulleiterin, ihren Schülerinnen ein leuchtendes Vorbild im Gebet und in ihrer Treue. Sie bestärkte Catherine Hamilton, Helena Catesby und andere in ihrer Berufung, sodass sie später in das Institut eintraten. Es gibt ein Portrait von ihr, welches möglicherweise während der Jahre in Frankreich gemalt wurde. Es zeigt keine gebieterische Person, sondern eine liebende und liebenswerte Persönlichkeit, wie auch diese Seiten es bestätigen. Sie starb im April 1657 und wurde im Kloster der Bernhardinerinnen beigesetzt. Der Friedhof wurde während der Französischen Revolution entweiht und Winefrid, immer bescheiden, liegt an einem unbekannten Ort begraben.

---

[2] Diese sog. „Englische Vita" (Vita E) ist die älteste Lebensbeschreibung Mary Wards und wurde nach neuesten Erkenntnissen wahrscheinlich eher von Mary Poyntz verfasst, wenn auch sicher unter Einbeziehung der Erinnerungen Winefrid Wigmores.

SUSANNA ROOKWOOD
1583-1624

Susanna Rookwood wurde von Mary mit vielen schwierigen Missionen betraut. Sie war Oberin in London, wo sie wegen ihres Glaubens fünfmal inhaftiert war, später wurde sie Oberin der Neugründung in Neapel. Ihr plötzlicher Tod im Jahr 1624 im Alter von 41 Jahren war für Mary und ihre Gefährtinnen ein großer Verlust.

Im frühen 17. Jahrhundert war Coldham Hall in Suffolk der Familiensitz eines Zweiges der alteingesessenen und kinderreichen Familie der Rookwoods. Das Haus, gebaut von Sir Robert Rookwood im Jahr 1574, steht noch heute, wunderschön restauriert. Die Familie war streng katholisch, und es wird berichtet, dass sie, als die Verfolgung gegen Ende des 16. Jahrhunderts heftiger wurde, „sowohl unter Geldstrafen als auch unter dem Verlust von Besitz und unter anderen Belästigungen sehr litt. Dennoch bot ihr Heim eine ständige Zuflucht für Priester und war ein Ort, an dem viele andere Katholiken oft geistlichen Trost erfuhren, denn es war ein schönes und großes Haus, und er [Sir Robert] hatte ein reichliches Einkommen." Ein Sohn Sir Roberts, Ambrose, war an der Pulververschwörung beteiligt und erlitt tapfer den schrecklichen Tod, der als Strafe für Verräter verhängt wurde. Eine weitere Strafe für Verräter war die Konfiszierung des gesamten Familienvermögens, aber es scheint, als ob König Jakob I. der Familie Rookwood in irgendeiner Weise verpflichtet war, und das Coldham-Anwesen wurde den Eigentümern schnell zurückgegeben, falls es überhaupt beschlagnahmt wurde.

Mary Ward war mit der Familie Rookwood verschwägert und könnte möglicherweise vor ihrem Versuch, bei den Armen Klarissen einzutreten, dort zu Besuch gewesen sein. Ganz sicher war sie 1609 in Coldham.

Susanna war die Tochter von Edward Rookwood of Euston, dem ersten Cousin von Ambrose Rookwod. Euston liegt auch in Suffolk, nicht weit von Coldham Hall. 1609, als Mary dort zu Besuch war, war Susanna 26 Jahre alt, unverheiratet und idealistisch. Sie fühlte sich von Mary Ward und ihrem noch unklaren Plan, für den katholischen Glauben und die Rettung der Seelen zu arbeiten, stark angezogen. Zweimal erscheint sie in der Bilderreihe des *„Gemalten Lebens"*. Da gibt es ein kleines eingefügtes Bild (17), wo sie ihrem am Tisch sitzenden Vater eine Notiz unter den Teller schiebt. Es ist verlockend, darüber zu spekulieren, ob hier der Maler den entscheidenden Augenblick in ihrem Leben festgehalten hat und ob die Notiz ihre Absicht erklärt, sich Mary Ward anzuschließen. Ein zweites Mal erscheint sie im Bild 22 als überzeugtes Mitglied der frühen Gesellschaft. Fünf junge Frauen sind hier abgebildet, und Susanna wird traditionell als die Gestalt in der Mitte identifiziert, mit Winefrid Wigmore zu ihrer Linken und Catherine Smith zu ihrer Rechten. Alle tragen Halskrausen und sind modisch gekleidet, wie sie da beisammensitzen vor ihrer Abreise nach Flandern, wo sie dann ihre eleganten Kleider ablegen und sich in eine schlichte schwarze Tracht kleiden werden. – In Flandern hat sich dann später auch Susannas Schwester Dorothy Mary Ward angeschlossen.

Nach zwei Jahren strengster Ausbildung blieb Susanna ein Mitglied der Kommunität in St. Omer, möglicherweise verbrachte sie auch einige Zeit in Lüttich. Im Jahr 1618 wurde sie zur Nachfolgerin von Anne Gage als Oberin der Londoner Mission ernannt. Dort war das Leben aufregend und auch gefährlich. Die Gruppe musste zur eigenen Sicherheit ständig von einem Ort zum anderen wechseln. Einmal wohnten sie in Spittalfields, dann wieder in Knightsbridge, möglicherweise auch in Hungerford House, ganz sicher in The Strand. Als Mary nach Flandern zurückkehrte, blieb Susanna verantwortlich – nicht für ein wohlgegründetes Haus, sondern für eine Kommunität, die nicht an einem festen Platz lebte, sondern ständig unterwegs sein musste. Überall gab es Spione, und die Gefahr war allgegenwärtig. Sie waren so gekleidet, wie es für ihre apostolische Arbeit am hilfreichsten war – wie die Reichen in bunten Taft und *„nach der neuesten Mode mit Pelz besetzt"*, oder in den dunkelfarbenen Fries der Armen. So erreichten die Gefährtinnen alle Schichten der Gesellschaft, ermutigten die Verzagten, belehrten die Unwissenden, bereiteten viele Gläubige auf die Sakramente vor und besuchten Gefangene, besonders Priester, die sie mit Lebensmitteln beschenkten.

Hier muss Susanna sich das Beiwort *„heldenhaft"* verdient haben. Ein alter französischer Nekrolog berichtet von ihr: *„ Sie begab sich oft für ihren katholischen Glauben in Lebensgefahr… fünf Mal war sie für ihre Religion im Gefängnis, wo sie die Mitgefangenen*

„Sie begab sich oft für ihren katholischen Glauben in Lebensgefahr"

sowohl mit geistlichen als auch mit weltlichen Mitteln ermutigte und aufmunterte. Schließlich wurde sie in ein schreckliches Verlies, vielmehr ein Loch geworfen und musste sich mit einem Stock gegen Mäuse, Ratten und anderes Ungeziefer wehren, wovon es hier wimmelte. Sie verbrachte dort eine beträchtliche Zeit, wurde aber schließlich freigelassen."

Im Jahr 1621 wurde sie nach Flandern zurückgerufen und war Mitglied der Gruppe, die Mary auf dem erstaunlichen Fußmarsch nach Rom begleitete. Die kleine Gesellschaft, eng verbunden durch die monatelang geteilte Mühsal der Reise, erreichte Rom rechtzeitig zum Weihnachtsfest und stand nun vor der schweren Aufgabe, den Papst zu überreden, ihre Pläne zu genehmigen. Dies erwies sich als schwieriger, als irgendwer erwartet hatte, und während der Monate des kirchlichen Schweigens und der Verzögerungen wandte sich Mary anderen Aktivitäten zu, wobei Susanna als ihre Sekretärin arbeitete, weil sie *„schnell und gut schreiben"* konnte.

Es mag der [kirchliche] Widerstand gewesen sein, der Mary bewog, eine Gründung in Neapel zu betreiben, einer spanischen Stadt, die nicht direkt vom Papst regiert wurde. In der Hoffnung auf größere Freiheit, und möglicherweise auch auf ein gesünderes Klima, verließ Mary am 12. Mai 1623 Rom, begleitet von zwei Mitschwestern. Es wurde eine Gründung in äußerster Armut, das versprochene Haus erwies sich in einem ruinösen Zustand und war völlig unmöbliert. Die kleine Gruppe musste auf dem mit Stroh bedeckten Boden schlafen, bis ihre Notlage einer reichen Dame bekannt wurde und diese ihnen Betten aus ihrem Haus zur Verfügung stellte. Bevor Mary nach Rom zurückkehrte, berief sie Susanna zur Oberin der Neugründung. Winefrid Wigmore wurde Schulleiterin und Novizenmeisterin, und Margaret Genison wurde mit der Verwaltung des Hauses betraut. Anfang 1624 schickte Mary einen *„großen Packen"* von Briefen angesehener Leute in Rom als Empfehlungsschreiben an vornehme Neapolitaner. Sie entschuldigte sich für die Postgebühren, die Susanna würde bezahlen müssen, und hoffte, dass die Briefe hilfreich sein würden, da es recht schwierig gewesen war, sie zu beschaffen. Susanna muss guten Gebrauch davon gemacht haben, da sie trotz der anfänglichen Armut des Hauses schon bald in der Lage war, Mary drei goldene Pistoles [spanische Münzen] zu schicken. Als sie hörte, dass man diese nicht verwendet hatte, um Mary etwas Linderung zu verschaffen, sondern um die Kosten ihrer Reise nach Perugia zu decken, sandte sie drei weitere Goldmünzen.

> Susanna gibt ihrem Vater 1609 einen Brief, in dem sie angeblich um Erlaubnis bittet, in Mary Wards Gemeinschaft einzutreten

Aber leider ging die Sendung irgendwo auf dem Weg verloren. Mary schrieb liebevoll aus Perugia, um Susanna Neuigkeiten über ihren Bruder Robert Rookwood mitzuteilen, der an der dortigen Universität studierte. Dies war der letzte Kontakt mit ihrer Freundin, da Susanna völlig unerwartet am 25. Mai 1624 starb. Es ist bedauerlich, dass Winefrids Brief mit dem Bericht über ihre letzte Erkrankung und ihren Tod nicht erhalten ist, aber ein anderes halbes Blatt Papier in den Archiven der CJ in Rom trägt den Vermerk: *„Was mit in das Grab von Mutter Susanna Rookwood gegeben wurde…"* So liegen die Gebeine dieser treuen Gefährtin irgendwo unter der Erde des umtriebigen, weltlichen Neapel in einem Sarg, der auch eine Zinnplatte enthält, die folgende Worte trägt (hier aus dem Lateinischen übersetzt):

„Susanna Rookwood, eine adelige englische Dame von 41 Jahren, war eine der ersten in unserer Gesellschaft und lebte in ihr 15 Jahre. Drei Jahre lang war sie die Oberin in England und litt dort viel für den katholischen Glauben, da sie fünf Mal seinetwegen von Ketzern verhaftet und ins Gefängnis geworfen wurde. Sie hat sehr viele Seelen zu Gott bekehrt und viele in ihrem Glauben gestärkt. Später ging sie mit Mutter Maria della Guardia [Mary Ward], unserer Generaloberin, nach Rom, um die Anerkennung unseres Instituts zu erreichen. Schließlich wurde sie im Oktober 1623 als Oberin nach Neapel entsandt. In dieser Stadt führte sie ein sehr heiligmäßiges Leben und gab ein großartiges Beispiel der Heiligkeit und Klugheit. Am 25. Mai 1624 entschlief sie glücklich im Herrn."

CATHERINE SMITH
1585 – 1655

Catherine Smith ist eine der weniger bekannten Gefährtinnen Mary Wards, und das einzige Bild, das wir von ihr haben, zeigt sie mit den anderen frühen Gefährtinnen im Jahr 1609. Beschrieben als „eine Frau mit Mut und nicht alltäglichen Verdiensten" wirkte sie in St. Omer und Lüttich bis 1631 und war Mary völlig ergeben. Sie stand 1645 auch an Marys Sterbelager.

Am 16. Juli 1614 stellte der Englische Kronrat eine Ausreisegenehmigung aus *„für Katherine Bentley, Ehefrau von Edward Bentley, um zusammen mit ihren vier Töchtern Mary, Katherine, Margaret und Anne, einem Bediensteten und einem Dienstmädchen sowie Koffern mit Bekleidung und anderen Vorräten (soweit nicht verboten) zu ihrem Ehemann in die Niederlande zurückzukehren."* Diese Frau Bentley stammte direkt vom hl. Thomas More ab und hatte schon mindestens einmal bei einer früheren Gelegenheit als Anstandsdame und Reisebegleiterin Mary Wards gedient. Es ist ziemlich sicher, dass im Juli 1614 der Kronrat getäuscht wurde und die *„vier Töchter"* in Wirklichkeit Mary Ward, Catherine Smith, Margaret Horde und Anne Turner waren. Der *„Diener"* war vielleicht ein Priester, und das *„Dienstmädchen"* eine weitere Gefährtin Marys. Was unter den *„Kleidern"* in den Koffern versteckt war, lässt sich nur vermuten.

Es war nicht die erste Überquerung des Ärmelkanals für Catherine Smith. Das Bild 22 des *„Gemalten Lebens"* zeigt sie als eine der ersten Gefährtinnen Mary Wards, die sich im Jahr 1609 auf die Abreise von England nach Flandern vorbereiteten. Sie wirkt selbstbewusst und trägt ein fast extravagantes Oberkleid aus gestreifter Seide. Vielleicht war sie eine von denen, die Mary drängten, eine Gesellschaft zu gründen, weil sie Ordensfrauen sein wollten. Denn in St. Omer angekommen tauschte sie ihre schicke Damenkleidung gegen ein einfaches schwarzes Gewand und führte ein Leben des Gehorsams. Wir wissen nicht, warum sie 1614 in England war, aber diese Besuche waren von Zeit zu

Zeit notwendig, sowohl um Schul- oder Familienangelegenheiten zu erledigen, als auch für apostolische Aufgaben. Frau Bentleys „Ausreisegenehmigung" zeigt, wie sehr die Regierung ihre Bürger überwachte, und dass es für Katholiken nicht ratsam war, zu große Aufmerksamkeit zu erregen. Solch ein „Adoptionsangebot" war daher zu verlockend, um es abzulehnen.

Das Leben in St. Omer war beschwerlich. Zwar erlitt der katholische Adel in England große Vermögensverluste durch die Strafgelder wegen der Weigerung, den „neuen" [anglikanischen] Glauben anzunehmen, aber ihre Töchter mussten zu Hause keine Not leiden. Als Mitglied von Mary Wards Gesellschaft dagegen kannten sie den Mangel an lebensnotwendigen Dingen gut. Alle litten, ohne zu klagen. Die Tatsache, dass Catherine als *„von unerschütterlichem Mut angesichts von Hunger, Durst und anderen Entbehrungen"* hervorgehoben wurde, deutet daher auf einen hohen Grad von geduldigem Durchhaltevermögen hin.

Für die nächsten 16 Jahre hören wir nichts von ihr. Sie blieb sicher in Flandern und könnte auch einmal in einem der vier Häuser im Norden Oberin gewesen sein. Nur einmal tritt sie im September 1630 aus diesem Schattendasein hervor, und wir hören erstmals ihre Stimme. Diese Gelegenheit war das Verhör der Mitglieder, die Lüttich nach der päpstlichen Unterdrückung der nördlichen Gründungen nicht verlassen hatten. In dieser Gruppe war auch Winefrid Wigmore, die von Mary Ward zur Visitatorin des Hauses ernannt worden war. Das Verhör fand in der Zeit zwischen dem 20. und dem 30. September statt und wurde von Nuntius Pierluigi Carafa, in Gegenwart eines Notars des Bischofs, des Jesuitenpaters Stafford als Übersetzer und anderer wichtiger Persönlichkeiten persönlich geleitet. Die Atmosphäre war angespannt, da bereits einige Unhöflichkeiten zwischen Carafa und Winefrid Wigmore ausgetauscht worden waren. Winefrid hatte in ihrer fanatischen Loyalität zu Mary Ward die Rechte ihrer Generaloberin zu sehr betont und versucht, den dem Papst vom Institut geschuldeten Gehorsam einzuschränken. Catherine Smith war genauso loyal und genauso entschlossen, wohl auch nicht besser informiert, aber ruhiger und gemäßigter. Nachdem sie ihr Alter und ihre Herkunft aus Lincolnshire genannt hatte, gab sie folgende Erklärung zu Protokoll:

„Die Tatsache, dass Catherine „von unerschütterlichem Mut angesichts von Hunger, Durst und anderen Entbehrungen" war, wurde hervorgehoben"

„Sie hat ihre Gelübde der Keuschheit, der Armut und des Gehorsams abgelegt, bevor die Unterdrückung des Instituts öffentlich verkündet worden war. Es

> Lüttich: Treppe

> *ist ihre Ansicht, dass die Aufhebung sie weder von ihren Gelübden noch von ihrem Gehorsamsversprechen entbinden kann, da sie wünscht, diese zu halten. Die Unterdrückung betrifft die äußere Seite [des Ordenslebens], nicht jedoch ihre innere Überzeugung. Sie ist auch der Meinung, dass der Papst sie nicht gegen ihren Willen von den Gelübden zu entbinden wünscht (non voglia abrogar). Sie hat diese vor Gott und ihrer Generaloberin abgelegt. Sie bleibt ihrer Generaloberin verpflichtet, solange diese lebt und nicht des Amtes enthoben ist.*
>
> *Was den offenen Brief der Visitatorin betrifft und die Einhaltung der Tagesordnung, können diese Fragen nur von der Generaloberin und ihrer Stellvertreterin beantwortet werden."*

Aber keine noch so beherzte Verteidigung konnte die bereits verlorene Situation retten - die Häuser in St. Omer, Lüttich, Trier und Köln wurden endgültig geschlossen. Den Mitgliedern wurde eine Frist von 40 Tagen für das Verlassen der Häuser eingeräumt, aber tatsächlich wurde die Auflösung nicht sofort vollzogen und Catherine blieb bis zur Freilassung von Winefrid Wigmore in Lüttich. Die beiden Frauen reisten dann nach Rom, wo sie kurz vor Weihnachten 1632 eintrafen und der Papst ihnen die Erlaubnis erteilte, mit Mary Ward im selben Haus zu leben. Sie wohnten bis 1637 dort zusammen und gehörten zu

> *Mary und ihre Gefährtinnen segeln nach St. Omer, 1609/1610*

ihrer Reisegesellschaft, als sie die Stadt in Richtung Flandern und England verließ, wobei Catherine etwas später zu der Gruppe stieß. Die weitere Geschichte wurde bereits an anderer Stelle erzählt: von der beschwerlichen Reise durch ganz Europa, dem Winter in Paris, der Enttäuschung über die erfolglose „Kur" in Spa, und von dem neuen Heim, welches die Gesellschaft schließlich in Heworth vor den Toren Yorks fand.

Catherine stand auch an Marys Sterbebett. Es gibt Gründe dafür, anzunehmen, dass sie es war, die in einem Ausbruch von Schmerz sagte: *„Wenn Du stirbst, packen wir unsere Sachen zusammen und gehen zu den Heiden!"* und darauf die tadelnde Antwort erhielt: „Wenn ich das dächte, so würde es mir das Herz brechen".

Nach Marys Tod blieben die zurückgelassenen Gefährtinnen bis 1650 in Heworth, danach verlegte Mary Poyntz die Gemeinde und Schule nach Paris. Dort, in der Rue du Vieux Colombier, war Catherine Smith für die englischen Schülerinnen verantwortlich. Sie starb etwa 1655 und wurde vermutlich im Kloster der Bernhardinerinnen beigesetzt. Kein Grabstein kennzeichnet ihr Grab, aber die Worte der alten französischen Chronik: *„Sie war eine Frau mit Mut und nicht alltäglichen Verdiensten!"* sind eine passende Grabschrift für diese treue Gefährtin.

JANE (oder JOANNA) BROWNE
1581 bis ca. 1632

Jane Browne, oder Joanna, wie sie manchmal genannt wurde, war mit 28 Jahren die älteste von Marys frühen Gefährtinnen. Sie zog nicht direkt die Aufmerksamkeit auf sich, war aber treu und fleißig und diente der jungen Gesellschaft mit stiller Hingabe. Das einzige Bild zeigt sie im Jahr 1609 mit den anderen Gefährtinnen.

Mary Wards erste Gefährtinnen kamen aus ganz verschiedenen Teilen Englands. Das Zusammentreffen der jungen Frauen trotz der geographisch weit auseinander liegenden Herkunftsorte lässt sich durch die Sitte des katholischen Adels dieser Zeit erklären, nur untereinander Heiratsverbindungen einzugehen, auch über weite Entfernungen hinweg. Die Gefährtinnen gehörten zu diesem Netzwerk, und Jane machte dabei keine Ausnahme. Ihr Familiensitz war in Shefford, Berkshire. Es gibt keine Hinweise, dass Mary Ward jemals diese Grafschaft besucht hat, aber die Brownes waren verschwägert mit den Tyrwhitts aus Lincolnshire, den Babthorpes aus Yorkshire und den durch die „Pulver-Verschwörung" berühmten Catesbys.

Jane war die Älteste der ersten Mitglieder. Auf dem Bild 22 des *„Gemalten Lebens"* sitzt sie zwischen Catherine Smith und Mary Poyntz, ohne als Seniorin einen Platz neben Mary Ward zu beanspruchen. Und so verhielt es sich in ihrem ganzen Leben. Kühnes katholisches Blut floss in ihren Adern, aber sie selbst scheint doch eher schüchtern und bescheiden gewesen zu sein. Auch wenn es gelegentlich vorkam, so war es doch ungewöhnlich für eine Tochter aus katholischem Adel, im Alter von 28 Jahren weder verheiratet noch im Kloster zu sein. Jane wurde anscheinend von der weltlichen Gesellschaft gar nicht richtig wahrgenommen. Auch in ihrem Ordensleben zog sie nicht viel Aufmerksamkeit auf sich. Ihre Rolle war die einer Frau, die die Hitze und Last des Tages erträgt und dafür keinen Beifall erntet, wohl aber Wertschätzung und Zuneigung. Mary Cramlington wählte ihre Worte sorgfältig, wenn sie erzählte, dass Helena Catesby - möglicherweise auch Winefrid Wigmore zitierend – von ihr stets *„mit großer Zärtlichkeit"* sprach und sie für von Gott sehr geliebt hielt.

Jane könnte von Mary Ward und ihren wagemutigen Plänen durch ihre Cousinen Anna und Magdalena Browne erfahren haben, die beide 1608 die Schule der Benediktinerinnen in St. Omer besuchten, als Mary dort [wegen ihres Austritts bei den Armen Klarissen] Stadtgespräch war. Oder die Verbindung könnte auch durch Lady Grace Babthorpe, Janes Tante, und ihre Cousine Barbara Babthorpe, die eine Freundin aus Marys Kinderzeit war, zustande gekommen sein. Wie das auch immer gewesen sein mag - im Jahr 1609 brach Jane jedenfalls mit Mary Ward und ihren Gefährtinnen nach Flandern auf.

Man hört nichts weiter von ihr bis 1614, als Bischof Blaise davon berichtete, dass eine Gruppe der *„Englischen Fräulein"* nach England gereist sei. Er war gut informiert, denn er wusste, dass Jane zu der Gruppe gehörte und dass es ihre Absicht war, ihren sterbenden Vater, „Sir George Browne, nun verstorben", zu besuchen. Die anderen Mitglieder hätten Familienangelegenheiten erledigt oder Schulgelder eingesammelt. Von dem Untergrund-Apostolat in London, wo die Ordensmitglieder ständig zwischen Spittalfields, Knightsbridge und The Strand umziehen mussten, wusste er wahrscheinlich nichts. Es ist möglich, dass Jane an diesen gefährlichen Aktivitäten teilgenommen hat – aber es ist nicht sicher. Sicher ist, dass sie nach St. Omer zurückkehrte und dort bis 1623 Mitglied der Kommunität war, bevor sie vermutlich nach Rom berufen wurde. Im Jahr 1624 wurden sie und Mary Ratcliffe nach Neapel versetzt. Mary Ratcliffe ersetzte Susanna Rookwood als Oberin, und Jane sollte helfen, die ständig wachsende Arbeitslast der Gemeinschaft zu bewältigen. Das Haus, erst 1623 in äußerster Armut gegründet, war mittlerweile so erfolgreich, dass hin und wieder kleinere Mengen von Goldmünzen zur Unterstützung der notleidenden Kommunität in Rom geschickt werden konnten. Jane wurde zur ‚Procuratrix' oder Ökonomin des Hauses ernannt und erfüllte diese Aufgabe mit *„wunderbarer Umsicht und Sorgfalt"*.

Die, wenn auch nur kurze, Geschichte der Gründung in Neapel ist eine erfreuliche Lektüre. Die Hausgemeinschaft war gut

„Was! Wollt Ihr, dass wir bei einer sparen, die sich selbst im Dienste Jesu Christi verausgabt hat"

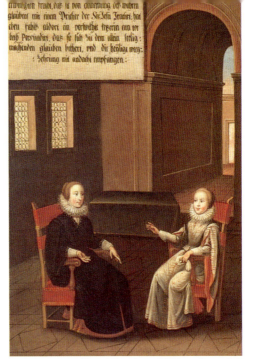

> *Mary Ward im geistlichen Gespräch*

organisiert. Die Mitglieder standen um vier Uhr morgens auf, hielten eine Stunde Gebetszeit und verrichteten - jede für sich - das Stundengebet. Dann begann die Tagesarbeit, die fast bis zum Mittag dauerte, wo sich eine weitere Gebetsstunde anschloss. Nach dem Mittagsmahl gab es eine Erholungszeit, geistliche Lesung, und anschließend ging es zurück an die Arbeit. Der Tag endete mit der Komplet und dem Nachtgebet, möglicherweise in Form einer Litanei. Die Schule wuchs rasch, und immer mehr junge Mädchen aus der Stadt baten um die Aufnahme in das Noviziat. Einige waren arm und hatten keine Mitgift. Die örtlichen Jesuiten rieten, in diesem Fall die Mädchen nicht aufzunehmen, aber als Mary Ward davon hörte, schrieb sie ganz entschieden:

> *„Ich entnehme Ihrem Brief, dass einige Mädchen, die aufgenommen werden möchten und keine Mitgift aufbringen können, von den Patres des Jesuitenordens abgelehnt werden. Das missfällt mir sehr. Die Armen sollten nicht daran gehindert werden, in unsere Gesellschaft einzutreten. Lassen Sie sich in dieser Angelegenheit nicht durch die Autorität der Jesuitenpatres abhalten."*

Abgesehen von dieser Meinungsverschiedenheit kamen Jesuiten und Jesuitinnen sehr gut miteinander aus. Sie erwiesen einander Gefälligkeiten, wie zum Beispiel bei der Beförderung von Briefen (um so Spione zu meiden und Geld zu sparen), und die Jesuiten nahmen den Schwestern die Beichte ab. Sie wurden von ihrem General, Pater Vitelleschi, dazu ermutigt, der Mary Ward persönlich sehr bewunderte und seinen Mitgliedern in den dunklen Tagen der Aufhebung des Institutes schrieb: *„…sie [die Schwestern] haben keine andere Zuflucht als Eure Liebe."*

Der Tod war der große Feind der Gemeinde von Neapel. Sie hatten schon Susanna Rookwood verloren. Etwa im Jahr 1628 wurde Jane Browne von einer schweren und sehr schmerzhaften Krankheit niedergestreckt. Als die Ärzte in Neapel sie weder heilen noch ihre Schmerzen lindern konnten, entschied Mary Ward, sie im Paradeiserhaus pflegen zu lassen, wo sie sich gerade selbst aufhielt. Sie sandte eine Sänfte, eine Schwester und einen Diener, um sie nach München bringen zu lassen und hielt dort zwei Räume für sie bereit. Als ein weniger großzügiges Mitglied meinte, diese Behandlung grenze an Luxus, erwiderte Mary in scharfem Ton: *„Was! Wollt Ihr, dass wir bei einer sparen, die sich selbst im Dienste Jesu Christi verausgabt hat".* Aber weder Marys Fürsorge noch die ärztlichen Möglichkeiten in München konnten sie retten.

Sie tritt ein letztes Mal in der Öffentlichkeit als Mitunterzeichnerin des Dokuments in Erscheinung, mit dem am 14. März 1631 die Gemeinschaft im Paradeiserhaus ihren Gehorsam gegenüber dem Papst bekundet. Von den 33 Unterzeichneten ist Jane die dritte auf der Liste, da sie mittlerweile eine der Seniorinnen des Instituts war. Das Datum ihres Todes ist ungewiss, aber es muss innerhalb der folgenden vier Jahre gewesen sein. Beigesetzt wurde sie in der Karmeliterkirche.

Die Geschichte ist ein strenger Richter. Ihr Urteil ist, dass Jane Browne eine eher unbedeutende Rolle im Drama der Englischen Fräulein gespielt hat. Aber Mary Ward dachte nicht so. Für sie war jedes Gemeindemitglied wichtig und hatte einen besonderen Platz in ihrer Liebe. Sie schrieb am 19. April 1625, lange bevor Jane durch ihre Krankheit besondere Aufmerksamkeit erhielt. *„Empfehlen Sie mich allen, aber ganz besonders Mutter Jane."* Dies sind wohl die passenden Worte, um dieses Kapitel zu schließen.

MARY POYNTZ
1603/4 - 1667

Mary Poyntz war trotz ihrer Jugend eine Gefährtin, der Mary Ward sehr vertraute. Sie begleitete sie zu ihrer ersten Audienz bei Papst Urban VIII. im Jahr 1623 und war Gründungsmitglied und Oberin des Hauses in München. Nach Marys Tod schrieb sie gemeinsam mit Winefrid Wigmore die erste Biographie Mary Wards und initiierte eine Serie von Gemälden zu ihrem Leben. Mary Poyntz wurde schließlich die dritte Oberstvorsteherin[3] des Instituts und gründete das Haus in Augsburg.

Die Geschichte der Mary Poyntz enthält alle Elemente, die auch die romantischsten viktorianischen Schriftsteller entzückt hätten. Sie spielt in den weiten fruchtbaren Feldern des ländlichen Gloucestershire, wo die Familie Poyntz bis zu einem Vorfahren zurück reicht, der mit Wilhelm dem Eroberer nach England gekommen war, und schließt noch andere Ritter ein, deren Grabdenkmäler in der mittelalterlichen Kirche von Iron Acton liegen. Die Heirat mit einer vermögenden Erbin ermöglichte es der Familie, ein prächtiges, zinnenbewehrtes Herrenhaus zu bauen und ihren Stand in der Gegend erheblich zu verbessern. Die schöne Heldin unserer Geschichte hat natürlich einen glühenden Verehrer, aber sie bricht ihm das Herz, indem sie ihn zurückweist. Nachdem sie ihm zum Abschied ein ziemlich makabres Portrait von sich geschenkt hat, tauscht sie allen weltlichen Reichtum gegen ein Leben in Armut ein, immer auf der Suche nach einem Ideal.

Nachdem er sich dem Flug der Phantasie überlassen hat, muss der Historiker sich aber einigen kontroversen Fragen stellen, wie z.B. der nach Mary Poyntz' Geburtsdatum und -ort. Da gibt es eine starke, praktisch unbestreitbare Überlieferung, dass sie mit kaum 16 Jahren in die Gesellschaft Mary Wards eintrat. Dies steht auf ihrem Grabstein, der auch festhält, dass sie 1667 im Alter von 63 Jahren starb. Dies ergibt als Geburtsjahr etwa 1603 und lässt ihr erstes Treffen mit Mary Ward mit deren Englandbesuch

1618-1619 zusammenfallen. Es war ein längerer Aufenthalt, der Mary den Besuch bei ihren Verwandten in Gloucestershire ermöglicht hätte. Mary Poyntz könnte Mary dann im Jahr 1619 zum Kontinent begleitet haben, und diese Datierung würde auch erklären, warum sie nicht zu der Gruppe gehörte, die 1621 nach Rom reiste, da sie zu dieser Zeit ihr Noviziat noch kaum beendet haben konnte. Aber wenn diese Fakten stimmen, wie kann dann Mary Poyntz' Anwesenheit auf dem Gruppenbild des *„Gemalten Lebens"* erklärt werden, das die Gefährtinnen vor der Abreise von England im Jahr 1609 darstellt? Die naheliegendste Erklärung wäre, dass dies ein Beispiel künstlerischer Freiheit ist, wie es in dieser Zeit nicht unüblich war. Mary Poyntz hatte eine solch bedeutende Rolle in der frühen Geschichte des Instituts, dass sie einen Platz auf dem Bild der Gründungsmitglieder beanspruchen konnte.

Mary war die Tochter von Edward Poyntz und seiner zweiten Frau, Maria Wigmore. Da Acton Court der Familiensitz der Familie Poyntz war, wurde meist ohne weiteres angenommen, dass Mary auch dort geboren wurde. Aber Edward war ein jüngerer Sohn der Familie und lebte im benachbarten Tockington oder Tobbington. Früher dachte man, dass Tockington Park (heute ein Internat) sein Herrenhaus gewesen sein könnte, und der terrassierte Ziergarten verlockte, sich ihn als den Ort vorzustellen, wo die erste Begegnung zwischen Mary Ward und Mary Poyntz stattfand. Vieles deutet jedoch mit gutem Grund in eine andere Richtung. Tockington Park Farm liegt näher zu Acton Court und ist ein einsam gelegenes Haus, sehr geeignet als Heim eines Rekusanten[4], der in einem zeitgenössischen Dokument beschrieben wurde als: *„Herr Edward Poyntz, wohnend im Forest of Dean, der in seinem Haus zwei Jesuiten-Patres versteckt und selbst ganz und gar jesuitisch ist."* Der Ort ist immer noch sehr abgeschieden, die Zufahrt verschmälert sich zu einem Karrenweg, der zu einem bewirtschafteten Bauernhaus führt. Hinter dem bestimmt schon 200 Jahre alten Bauernhaus findet man die Ruinen eines steiner-

„Ich gratuliere zu Ihren hervorragenden Fähigkeiten vor Gott und den Menschen, so notwendig für jemanden, der in einer solchen Position ist wie Sie."

---

[3] Dieser Titel wurde seit der Aufhebung 1631 statt Generaloberin verwendet. In Bayern gab es erst nach der Säkularisation, genauer ab 1840, wieder den Titel Generaloberin.
[4] Rekusant - Ein den Übertritt zur anglikanischen Staatskirche verweigernder Katholik.

> Porträt Mary Poyntz, das sie für ihren „Kavalier" malen ließ

nen Herrenhauses, das einst Edward Poyntz' jesuitische Freunde beherbergte und das Heim seiner Tochter Mary war. Der untere Teil des Gebäudes wird von einer hässlich modernen Veranda und von einem Gewirr von Büschen und Bäumen verdeckt, aber das obere Stockwerk ist klar zu erkennen. Von einem der großen mehrteiligen Fenster könnte Mary Poyntz Mary Ward im Garten gesehen und ausgerufen haben: *„Siehe, da ist sie, durch deren Führung mich Gott erretten wird!"* Dies war der Wendepunkt in ihrem Leben. Das willensstarke junge Mädchen war entschlossen, ihr Schicksal in die Hände Mary Wards zu legen, und nachdem sie die Erlaubnis ihres Vaters erhalten hatte, weigerte sie sich, wieder von ihr getrennt zu sein.

Diese Geschichte erzählt Mary Cramlington, welche, da sie zu Beginn des 18. Jahrhunderts schrieb, noch aus den Erinnerungen von Schwestern früherer Generationen schöpfen konnte. Sie fährt fort:

„Als sie noch ein junges Fräulein in England war, sollte sie mit einem Kavalier von hohem Rang verheiratet werden, der für sie eine blendende Partie bedeutet hätte und der sie lange Zeit umwarb. Aber nachdem sie unsere Ordensgründerin getroffen

hatte und, wie Ihr wisst, so wunderbar erleuchtet und zum Ordensleben berufen wurde, hat sie dem Kavalier, welcher der letzte seines Geschlechts, aus noblem Hause und sehr reich war, alle Hoffnung genommen, jemals erfolgreich um ihre Hand anzuhalten. Ich glaube, dass sie ihm, um ihn loszuwerden, ihren Entschluss enthüllte, eine Ordensfrau zu werden. Er bat sie dringend, ihm ein Bild von sich zu schenken. Zuerst lehnte sie ab, doch schließlich versprach sie es und ließ das bekannte Bild malen. Die eine Hälfte ihres Gesichts war sehr lebensecht, mit einem schönen Auge, das ihrem völlig glich. Von den Wangen abwärts erschien sie bleich und abgemagert wie eine Sterbende. Der obere Teil der anderen Gesichtshälfte war wie ein Totenkopf gemalt, und von den Wangen abwärts war das Fleisch ganz verwesend und von Würmern zerfressen dargestellt. Dieses Abbild ihrer selbst gab sie ihm, und es machte einen so starken Eindruck auf ihn, dass er auf alles verzichtete und selbst in einen Orden eintrat."

Solch ein Verhalten würde man heute als einen grausamen Kinderstreich abtun, aber es war eher eine ernsthafte Mahnung, ausgedrückt in der Bildsprache vieler spätmittelalterlicher Grabdenkmäler. Dort wird häufig ein angesehener Kirchenmann dargestellt, wie er im vollen Ornat auf seinem Grabmal liegt, während darunter ein Skelett alle Überlebenden an ihre eigene Sterblichkeit erinnert. Dieses eindrucksvolle Portrait ist noch heute in Nymphenburg zu sehen. Seine Botschaft ist eindeutig und wird noch heute durch die wurmzerfressene Struktur der Leinwand unterstrichen. Der lebende Teil des Gesichts deutet große Schönheit an, mit einem großen, dunklen Auge, einer fein geschwungenen Augenbraue, einer hohen Stirn und einer Fülle dichten braunen Haares, welches über die Schulter fällt.

Über den *„Kavalier"* erzählt Mary Cramlington nur:

„Ich kenne seinen Namen nicht, aber unsere verstorbene Oberstvorsteherin [Mary Anna Barbara Babthorpe], die mir als einen großen Gunstbeweis dieses Gemälde übersandt hat und die eine heiligmäßige Frau und seit ihrem vierten Lebensjahr unter der Fürsorge ihrer Cousine Mary Poyntz aufgewachsen war, hat mir, wie ich glaube, einst seinen Namen genannt. Aber ich habe ihn vergessen und konnte später keine Nachforschungen mehr dazu anzustellen".

Familie, Wohlstand, Heiratsaussichten und alle Sicherheit hinter sich lassend, widmete Mary Poyntz sich ganz der neuen

> *Reise nach München, 1626*

Form des Ordenslebens, die man in St. Omer anstrebte. Schon bald nahm sie an den Aktivitäten des Instituts teil. Auch wenn sie nicht zu der Gruppe gehörte, die Mary Ward 1621 nach Rom begleitete, so folgte sie ihr doch bereits zwei Jahre später dorthin. Sie und Elizabeth Cotton begleiteten Mary Ward im Oktober 1624 zu ihrer ersten Audienz bei Papst Urban VIII., als ihm der Plan des Institutes vorgelegt wurde. Zuerst erschien die Haltung des Papstes günstig, aber während der folgenden drei Jahre schwand alle Hoffnung auf eine päpstliche Anerkennung. Im Herbst 1626 entschied sich Mary Ward schließlich, nach Flandern zurückzukehren.

Sie verließ Rom im November und wählte als Begleiterinnen Mary Poyntz, Elizabeth Cotton und eine Laienschwester. Die Gruppe reiste langsam nordwärts über Florenz und Mailand, und sie wurden von der Großherzogin Maria Magdalena von Florenz, ihrer Schwiegermutter, der Großherzogin Christina, der Herzogin von Farnese, und dem strengen Kardinal Federigo Borromeo, einem Neffen des hl. Karl Borromäus, mit Wertschätzung aufgenommen. Sie erreichten Feldkirch in Tirol, (heute Vorarlberg), am Heiligen Abend. Weit entfernt davon, wohltuende Gastlichkeit zu erfahren, hielten sie dort eine siebenstündige Vigil [Nachtwache] in der eisigen Pfarrkirche und nahmen an allen drei Weihnachtsmessen teil.

Zwei Bilder des *„Gemalten Lebens"* zeigen die Weggefährtinnen in Feldkirch. Mary Poyntz muss dabei gewesen sein, auch wenn man sie auf dem Bild nicht sicher identifizieren kann.

Die gewählte Reiseroute führte sie durch Bayern, das zu dieser Zeit von Kurfürst Maximilian I. regiert wurde. Mary hoffte, in ihm einen Verbündeten zu finden. Er war ein überzeugter Katholik, von Jesuiten erzogen, sehr am Bildungswesen interessiert und das Oberhaupt der Katholischen Liga im Dreißigjährigen Krieg, der damals tobte. In diesem Fall brachte die Beziehung beiden Seiten Vorteile.

Die Gruppe, die per Schiff den Inn abwärts fuhr, erreichte München am 7. Januar. Dort fanden sie Maximilian erregt über das ungebärdige Benehmen vieler *„übermütiger Bürgerstöchter"*. Er bat Mary deshalb, eine Schule für diese Mädchen zu gründen, und stellte ihr das ‚Paradeiserhaus' zur Verfügung, ein geräumiges Herrenhaus, welches ihm Christoph Paradeiser für einen *„frommen Zweck"* vererbt hatte. Er versprach außerdem eine jährliche Zuwendung von 2000 Dukaten durch sein Schatzamt. Das Haus war restauriert und voll möbliert, und die Zuwendung reichte für den Unterhalt von zehn Ordensmitgliedern - ein Angebot, zu gut, um es auszuschlagen. Mary akzeptierte, obwohl sie noch keine deutschsprachigen Mitglieder hatte, und ernannte Mary Poyntz zur Oberin der Neugründung. Diese Ernennung zeigt, welch schwere Verantwortung in den frühen Tagen des Instituts auf junge Schultern gelegt wurde, und sie zeigt gleichzeitig Mary Wards Vertrauen in Mary Poyntz.

Die junge Oberin erkrankte im Sommer 1628, und Mary rief sie nach Prag, wo sie gerade eine weitere Gründung versuchte. Die Freundinnen tranken das Heilwasser in Eger, und im Herbst war Mary Poyntz wieder auf ihrem Posten. Tüchtige Ordensmitglieder wie Winefrid Bedingfield waren von Flandern gesandt worden, um die Münchner Kommunität aufbauen zu helfen, und deutsche Novizinnen vermehrten bald die Zahl. Die Schule blühte, und es wurden nicht nur die drei Grundfächer Lesen, Schreiben und Rechnen, sondern auch Italienisch, Französisch, Latein und *„alle Arten von Handarbeiten"* unterrichtet. Sie erfüllte alle Wünsche Maximilians und wurde auch andernorts gelobt. Pater John Gerard SJ schrieb Mary Poyntz einen ermutigenden Brief:

> „Ich gratuliere Ihnen zu den zahlreichen fähigen Gefährtinnen und zu Ihrer heiligen Gesellschaft, und zu Ihren eigenen hervorragenden Fähigkeiten vor Gott und den Menschen, so notwendig für jemanden, der in einer solchen Position ist wie Sie. ... Das hohe Ansehen Ihres Hauses, das zu den hervorragendsten unserer Zeit gehört, wird die Arbeit Ihrer geschätzten Mutter voranbringen und stützen .... Und ich bitte Jesus Christus inständig, er möge Ihnen die Gnade gewähren, dass so, wie Sie sich täglich bemühen, in den Fußstapfen Ihrer heiligen und ehrwürdigen Gründerin zu gehen, auch Ihre Untergebenen treue Nachahmer Ihres tugendhaften Lebens sein mögen. Für den Erfolg dieser Arbeit und Ihr Wohlergehen in jeder Hinsicht werde ich niemals ruhen, meine bescheidenen Gebete Gott darzubringen..."

Aber weder der Erfolg der Schule noch Pater Gerards Gebete und Empfehlungen konnten den furchtbaren Schlag vom Januar 1631 verhindern, als Papst Urban VIII. seine Bulle mit dem Verbot des Instituts erließ. Im Februar wurde Mary Ward in Gegenwart von Mary Poyntz und Elizabeth Cotton im Paradeiserhaus verhaftet. Es wurde ihr nicht einmal erlaubt, sich von der übrigen Gemeinde zu verabschieden, sodass nur diese beiden Mitglieder sie bis zu der wartenden Kutsche begleiten konnten. Es ist nicht schwer, sich auszumalen, mit welcher Trostlosigkeit sie tatenlos zusehen mussten, wie ihre Anführerin ins Gefängnis gebracht wurde.

Es war Mary Poyntz, die als Oberin fast rund um die Uhr Fürbittgebete organisierte, bis Mary Ward der Kommunität die Gebete in den Nachtstunden untersagte; und es war Mary Poyntz, die die berühmte Zitronensaft-Korrespondenz zwischen Paradeiserhaus und Angerkloster führte. Als Mary Ward im April aus dem Gefängnis entlassen wurde, war Mary Poyntz glücklich, sie nach Hause holen zu dürfen. Doch mit der Aufhebung des Instituts konnte das Paradeiserhaus nicht mehr gedeihen, und es sollte noch weiter verarmen. Die Schülerinnen wurden zerstreut, viele Mitglieder verließen das Institut, und auch wenn einer begrenzten Zahl erlaubt wurde, als Laien im Haus zu leben, entzog ihnen der Kurfürst seine finanzielle Unterstützung. Als Mary auf Anweisung des Heiligen Offiziums [der Inquisition] nach Rom reiste, ließ sie Mary Poyntz zurück, damit das Haus für das Institut nicht verloren ging.

Die junge Oberin befand sich in einer entmutigenden Situation. Der Dreißigjährige Krieg breitete sich über ganz Deutschland aus, und als Gustav Adolf auf München zu marschierte und die Stadt belagerte, erlebten die Schwestern bitterste Armut. Mary

> Mary Ward und ihre Gefährtinnen in Feldkirch (siehe S. 42)

Poyntz bettelte gemeinsam mit den Ärmsten der Armen um das tägliche Brot. Die Isolation verursachte zusätzliches Leid, und die Kommunikation mit Rom war äußerst eingeschränkt. Nur gelegentlich erreichte eine sorgfältig verschlüsselte Nachricht die Gemeinde, worin Mary Ward sich selbst als ‚Felice' bezeichnete und Mary Poyntz als ‚Ned' firmierte. Als München nicht mehr im Zentrum der Kriegshandlungen stand, wurde die Korrespondenz einfacher, und zuletzt kam der Brief, der Winefrid Bedingfield zur Oberin des Paradeiserhauses ernannte und Mary Poyntz nach Rom berief. Als diese im Oktober 1633 Ferrara erreichte, erhielt sie einen Brief von Mary Ward, der die gegenseitige Zuneigung der beiden widerspiegelte: *„Tausend, tausendmal willkommen, wo Sie schon so nahe sind ... kommen Sie zu mir so schnell Sie können, aber ohne Umstände, denn mir erscheint die Zeit lang, bis Sie bei mir sind..."* Mary Poyntz erreichte Rom mit angegriffener Gesundheit – *„...die arme Ned ist wieder an dem alten Leiden erkrankt..."*- aber einige Wochen später konnte sie schon wieder die Leitung des neuen Hauses in der Nähe von Santa Maria Maggiore übernehmen. Dieses Haus wurde eine Zuflucht für viele Gäste aus England, sowohl Katholiken als auch Protestanten. Mary Wards Gegner beschwerten sich darüber beim Papst, der aber entgegnete, dass er sich darüber freue, *„weil sie sicher sehr gut sind oder es noch werden, wenn sie dieses Haus besuchen."*

Etwa vier Jahre später, im September 1637, brach Mary Ward nach Spa (in der Nähe von Lüttich) auf, um für sich und Mary Poyntz Heilung zu suchen. Die Weggefährtinnen, zu denen Winefrid Wigmore und Anne Turner gehörten, mussten unterwegs viele Verzögerungen in Kauf nehmen, und am Ende fanden sie in den Thermalquellen von Spa wenig Linderung. Sie reisten

> *Stadtansicht von Augsburg, 17. Jahrhundert*

weiter nach London und trafen dort im Mai 1639 ein. Wie bereits an anderer Stelle erwähnt, war London in dieser Zeit ein sehr ungastlicher Ort für Katholiken, und die Reisenden fuhren mit Kindern und einem Priester in drei Kutschen weiter nach Norden. Nach einem kurzen Aufenthalt in Hutton Rudby fanden sie schließlich einen Zufluchtsort in Heworth Manor, vor den Toren Yorks, und konnten dort eine Kommunität und eine kleine Schule gründen. Aber bereits nach einigen Monaten waren sie wieder auf der Flucht, als die Truppen des Parlaments auf die Stadt vorrückten. Mary Ward war nicht gewillt, Heworth zu verlassen, aber schließlich blieb nur die Flucht. Mary Poyntz schildert das Ereignis in ihrer *„Italienischen Vita (Lebensbeschreibung) Mary Wards"*:

> *„Um die Wahrheit zu sagen, unser Glaube war klein und wir alle schwitzten vor Angst, dass uns alles genommen werden könnte; aber sie [Mary Ward] sagte mit einem frohen Lächeln auf dem Gesicht: „Zweifelt nicht, alles wird sicher vorübergehen."*

Und so kam es am Ende auch, wie die *„Englische Vita"* beschreibt:

> *„Als wir [nach York] umzogen, mussten wir die feindlichen Truppen passieren, Schotten und andere Soldaten, die plünderten, was immer ihnen unter die Hände kam. Während sie andere beraubten und bis auf die Haut durchsuchten, zogen ihre Diener mit Betten und Töpfen auf Kopf und Schultern vorbei, ohne ein Wort oder die mindeste Hinderung."*

Als die Belagerung vorüber war, kehrten die Gefährtinnen nach Heworth zurück, aber es war eine traurige Rückkehr. Das Herrenhaus war von den Soldaten verwüstet, und Mary war offensichtlich dem Tod nahe. In einem Brief an Barbara Babthorpe schreibt Mary Poyntz, damals schon Oberin, einen ergreifenden Bericht über Mary Wards Tod und beschreibt, wie sie alle ihre Schwestern an ihr Bett rief und ihnen als ihr Testament folgende Worte mit auf den Weg gab: *„Lebt Eure Berufung beständig, wirksam und liebevoll!"*

Mary Poyntz und Winefrid Wigmore fanden zusammen eine letzte Ruhestätte für Mary Ward auf dem Kirchhof von Osbaldwick, wo der Vikar, ein armer Mann, *„anständig genug war, sich bestechen zu lassen."* Zusammen wählten sie die doppelsinnigen Worte für den Grabstein aus: *„Die Armen zu lieben, darin beständig zu sein, mit ihnen zu leben, zu sterben und aufzuerstehen, das war das ganze Ziel Mary Wards...."*

Diese zurückhaltende Grabinschrift reichte nicht aus, die Erinnerung an eine so große Frau zu bewahren. Biographien mussten geschrieben werden, um die Einzelheiten ihres Lebens und ihre Tugenden festzuhalten und die Gefährtinnen in ihrer Treue zu bestärken. *„A Briefe Relation"*, auf Englisch geschrieben, wird für die erste davon gehalten. Sorgfältigste wissenschaftliche Untersuchungen datieren das Werk in die Zeit kurz nach Mary Wards Tod und weisen auf Mary Poyntz als Verfasserin hin, auch wenn sie die Erinnerungen Winefrid Wigmores und anderer Mitglieder herangezogen haben muss, um Lücken in ihrem eigenen Wissen zu füllen. Die Tradition besagt, dass Winefrid wegen ihrer wunderschönen Handschrift die Kopien des Manuskripts anfertigte, und vieles deutet darauf hin, dass sie auch die französische Übersetzung anfertigte, mit einigen extra Superlativen, die ihrer leidenschaftlichen Liebe zu Mary entsprangen. Die *„Italienische Vita"* - kürzer als *„A Briefe Relation"* [die „Englische Vita"], aber mit einigen abweichenden Details - ist sehr wahrscheinlich auch ein Werk Mary Poyntz'.

Jedoch es wurde noch ein anderes Medium in Dienst genommen. Da die Fähigkeit zu lesen noch nicht sehr weit verbreitet war, wurden die Lebensgeschichten vieler großer und heiliger Persönlichkeiten in gemalten Bildern festgehalten. Die Gefährtinnen kannten die gemalten Lebensbeschreibungen

des hl. Franz von Assisi, der hl. Katharina von Siena und der hl. Franziska von Rom, und sie wollten nichts Geringeres für ihre eigene Ordensgründerin. Daher gaben sie das „Gemalte Leben" in Auftrag, eine Serie von 54 Bildern, von denen 50 erhalten sind. Die Beschriftungen weisen darauf hin, dass Mary Poyntz und Winefrid Wigmore diese Gemäldeserie initiiert haben, aber auch andere waren beteiligt, als die Bilder irgendwo zwischen Flandern und Tirol entstanden. Verschiedene Maler haben zu dem Gesamtwerk beigetragen, und obwohl die Bilder von unterschiedlichem künstlerischem Wert und historischer Genauigkeit sind, so bilden sie doch eine wertvolle Informationsquelle.

Unter der Leitung von Mary Poyntz lebte die Gemeinde noch weitere fünf Jahre in Heworth, und die Schule diente der Ausbreitung ihres Apostolats und der Sicherung ihres Lebensunterhalts. Nach dem Tod König Karl I. von England im Jahr 1649 wurde es für sie unter der Herrschaft Cromwells zunehmend unbehaglich, und das gerade rechtzeitig kommende Geschenk von 500 Gold-Pistoles durch den Marquis von Worcester, Marys entfernten Cousin, verschaffte ihnen die Mittel für den Umzug nach Paris. Dort wurden Kommunität und Schule in der Rue du Vieux Colombier neu gegründet. Aber Mary Poyntz sollte nicht lange dort bleiben. Im Jahr 1653 musste die Oberstvorsteherin Barbara Babthorpe ihr Amt wegen Krankheit niederlegen. Nach Rom berufen, reiste Mary über München, wo sie ihre alten Schülerinnen Catherine Hamilton, Helena Catesby, Catherine Johnstone und Helen Thwing zurückließ, die im Paradeiserhaus ihr Noviziat begannen. Bei der Wahl im Jahr 1654 wurde Mary Poyntz einstimmig zur neuen Generaloberin oder Oberstvorsteherin des Instituts gewählt.

Ihre größte Errungenschaft während ihrer Amtszeit war die Gründung des Hauses in Augsburg. Als Reichsstadt machte Augsburg zuerst Einwände gegen die beabsichtigte Gründung, aber im Jahr 1662 kam die Einladung, und Mary nahm sie sofort an. Sie machte die kurze Reise von München und nahm vier junge Mitglieder mit - Catherine Errington, Dorothy Fielding, Elizabeth Rantienne und Mary Portington, die alle für ihre Fähigkeiten bekannt waren. Über Mary Portington wurde später geschrieben: „*Sie spricht Latein, Italienisch und Französisch wie ihre Muttersprache....Sie bewahrt Geduld bei allen Schwierigkeiten, und häufig haben sie sich vor ihr zu wahren Bergen getürmt.*"

Zu dieser sorgfältig ausgewählten Gruppe, die alle in Paris ihre Schülerinnen gewesen waren, berief sie weitere Mitglieder: Isabella Layton, die konvertierte Tochter eines Lord Mayor [Bürgermeister] von London, die später erstaunliche Fähigkeiten beim Auftreiben von Geldmitteln entwickelte; die beiden Schwestern Anna und Agnes Babthorpe, die nacheinander Oberstvorsteherinnen wurden; Christina Hastings, die eine wichtige Rolle in England spielen würde; und Mary Turner. Es war ein starkes Team, welches im Gasthaus *Zu den drei Mohren* Quartier bezog und die Einrichtung eines Institutshauses in Angriff nahm, das sehr berühmt werden sollte. Die Schule erlangte rasch einen so guten Ruf, dass der ursprüngliche Widerstand gegen die Gründung bald überwunden war, und die Bürger aller gesellschaftlichen Schichten darauf bedacht waren, ihre Töchter dort erziehen zu lassen.

Eine noch größere Bedeutung hatte die Freundschaft Marys mit Christoph von Freyberg, der 1665 zum Fürstbischof ernannt wurde. Mary und die Gemeinde gewannen so sehr seine Hochachtung, dass er sie offiziell als *„Ordensfrauen"* anerkannte, womit der erste Schritt auf dem langen Weg zur Anerkennung des Instituts durch die Amtskirche getan war.

Mary verbrachte den größten Teil ihrer letzten fünf Lebensjahre in Augsburg mit der Förderung ihrer Gemeinde und mit der Ausbildung der Novizinnen. Sie war nie sehr widerstandsfähig gewesen; nun verlangte das Alter seinen Tribut und sie wurde zunehmend gebrechlich. Bei ihrem letzten Besuch in München im Jahr 1667 musste sie akzeptieren, in einer königlichen Sänfte, getragen von zwei Maultieren, zu reisen. Sie kehrte todkrank zurück und starb am 30. September 1667. Ihr langes Exil war beendet. Sie, die fern der Heimat gelebt hatte, wurde in der St. Johannes-Kapelle des Doms begraben *„an dem Platz, wo der hl. Ulrich starb"*. Ein großer Grabstein wurde über ihrem Grab errichtet und mit einer Inschrift in dem pompösen Latein dieser Zeit versehen, hier jedoch übersetzt:

> „Verweile, o Reisender
> und höre die bekümmerten Seufzer des trauernden England,
> denn unter diesem Stein
> liegt Mary Poyntz aus Iron Acton begraben,
> aus dem noblen Geschlecht der englischen Grafen von Derby.
> Sie war kaum 16 Jahre alt,
> als sie
> aus Liebe zu Gott und Ihren Nächsten
> ihre Familie, das Land ihrer Geburt und die ganze Welt
> verließ
> und erwählte,
> allein für Gott, ihren Bräutigam, zu leben,
> Immer Jungfrau, wenn nicht sogar Märtyrerin,
> begann sie ein ruhmreiches Leben im Exil
> um ihres verbotenen Glaubens willen.
> Dieses Leben führte sie bis zu ihrem 63. Lebensjahr.
> Dann eilte sie, wie wir sicher hoffen dürfen,
> in das Land der Seligen,
> in Augsburg am 30.September 1667.
> Die Kongregation der Englischen Fräulein hat,
> um sie trauernd,
> diesen Stein errichtet in Erinnerung
> an ihre liebste Mutter.
> Nun, Reisender, setze Deinen Weg fort
> und beglückwünsche die Exilantin dazu,
> angekommen zu sein
> im Haus ihres Vaters."

In einem Dom gelegen und durch solch einen gewichtigen Stein gekennzeichnet, hätte man erwartet, dass Mary Poyntz' Grab der Zerstörung entgehen würde. Aber selbst die St. Johannes-Kapelle war nicht unverletzlich. Sie wurde niedergerissen, um Platz für einen gefliesten Innenhof mit Bänken zu machen, auf denen Bürger und Besucher sitzen, nichts ahnend von den Gebeinen unter den Fliesen.

Ein Portrait von Mary Poyntz hängt im großen Besuchszimmer des Bar Convents in York. Die schönen Gesichtszüge zeigen Intelligenz und Entschlossenheit, aber verraten keine weiteren Charakterzüge. Wenden wir uns ihren schriftlichen Werken und Anweisungen zu. Vom Inhalt her sind sie konventionell, im Stil etwas steif, aber ihre geistliche Authentizität steht außer Frage und in einer Belehrung zu den drei Ordensgelübden lässt die ausdrucksvolle Betonung der Armut vermuten, dass dies die Tugend gewesen sein dürfte, die sie am meisten schätzte. Sie erklärte die Armut zu einem *„göttlichen Attribut"* und schrieb: *„Armut oder arm zu sein, das hört sich für weltliche und gewöhnliche Ohren gemein, hart und unangenehm an. Aber von denjenigen, die wirklich gläubige Christen sind, wird sie [die Armut] mit Ehrfurcht und Respekt bewahrt als eine unzertrennliche Begleiterin Gottes in seinem menschlichen Leben, und auch als Begleiterin derer, deren Namen in der Liste seiner Diener eingeschrieben sind."*

Diese Liebe zur Armut hat Mary möglicherweise zu einer solchen Selbstverleugnung geführt, dass sie alle individuellen Züge in sich unterdrückte, nach denen wir suchen.

Keine bemalte Leinwand oder kein geschriebenes Wort sind allerdings notwendig, um Marys Loyalität, Treue und Tüchtigkeit zu beweisen. Sie zeigen sich in den Ereignissen ihres Lebens und vor allem in dem uneingeschränkten Vertrauen Mary Wards, die sie immer an ihrer Seite wünschte oder ihr verantwortungsvollste Aufgaben übertrug. Und wenn es uns trotz all dieser vielfältigen Zeugnisse nicht gelingt, Mary Poyntz als lebendige Persönlichkeit auf diesen Seiten erstehen zu lassen, dann kann das daran liegen, dass sie, wie man es heute nennen würde, eine sehr *„zurückhaltende Person"* war. Insofern passt es, dass ihre letzte Ruhestätte nicht mehr innerhalb des Domes liegt und sie ihren grandiosen Grabstein verloren hat, aber zu guter Letzt mit ihren anderen Gefährtinnen in der Anonymität ihrer Gräber vereint ist.

BARBARA WARD
1592 – 1623

Barbara Ward, Marys jüngere Schwester, liebte und bewunderte ihre ältere Schwester, die ihre Zuneigung erwiderte. Im Jahr 1621 reiste sie zu Fuß mit Mary nach Rom und starb dort 1623 im Alter von nur 30 Jahren. Das einzige Bild, das wir von ihr haben, zeigt sie als kleines Kind, als die drei Ward - Schwestern im Familienhaus in Mulwith von einem gefährlichen Feuer eingeschlossen waren. Mary betete mit ihnen den Rosenkranz, bis der Vater sie rettete.

Barbara Ward, geboren 1592, war eine von Marys jüngeren Schwestern. Einen Eindruck von dem Heim, welches sie in Mulwith, Yorkshire, teilten, gewährt uns das erste Bild des „Gemalten Lebens". Es zeigt einen würdigen und ordentlichen Raum, in dem Statuen der Muttergottes und einer anderen Heiligen den katholischen Glauben dieser Familie bezeugen. Zwei Dienerinnen falten Wäsche, während die Mutter sich ihrem Kind, Mary, zuwendet. Im Hintergrund steht eine Wiege am Kamin, das Baby ist durch feste Wandschirme vor Zugluft geschützt. Dieses Baby kann jedoch nicht Barbara sein, da sie acht Jahre jünger war als Mary, aber sie wird später in derselben Wiege gelegen haben, genauso liebevoll betreut von ihrer Mutter. Ihr Name taucht im Geburtsregister der nahegelegenen Kathedrale von Ripon auf, aber ihre Eltern werden mit der „häretischen" Zeremonie an dem alten Taufbecken wohl nicht zufrieden gewesen sein, und Barbara muss zu Hause getauft worden sein, vielleicht durch Pater Richard Holtby SJ, der damals in der Gegend wirkte.

Das vierte Bild des „Gemalten Lebens" illustriert ein dramatisches Ereignis in der Familiengeschichte. Es ist in drei Abschnitte geteilt, von denen der erste das Feuer zeigt, das im Jahr 1595 in Mulwith ausbrach. In der Aufregung der Löschversuche bemerkte niemand, dass drei der Kinder, einschließlich Mary, nicht da waren. Mary war der Situation gewachsen. Sie erinnerte ihre Schwestern, dass dieser Tag ein Festtag der Jungfrau Maria war, und brachte sie dazu, laut den Rosenkranz zu beten. Und sie versicherte ihnen immer wieder, dass der Vater sie retten würde. Wir sehen die Kinder kniend, die kleinen Gesichter empor gewendet, während das Feuer über ihnen knistert. Und natürlich wurde ihr Vertrauen nicht enttäuscht. Im zweiten Teil sehen wir den tapferen Marmaduke Ward, wie er seine Kinder in Sicherheit bringt. Schließlich wird die Familie glücklich vereint gezeigt, wie sie den Sieg des Glaubens über die Flammen feiert, obendrein mit einem Koffer voller Schätze, die vor dem Feuer gerettet wurden.

Barbara erscheint nicht noch einmal im „Gemalten Leben", und die Geschwister waren während ihrer Kindheit die meiste Zeit getrennt. Aber trotzdem gab es eine herzliche Verbundenheit zwischen ihnen. Mary hegte eine zärtliche Liebe für ihre jüngere Schwester, und Barbara liebte und verehrte Mary sehr. Als Mary 1609 von Gravelines nach Hause zurückkehrte, fühlte Barbara sich bereits zum Ordensleben hingezogen und schloss sich bereitwillig Marys Unternehmung an. Irgendwelche familiären Bindungen hinderten sie damals, mit der ersten Gruppe zu reisen, aber sie folgte wenige Wochen später nach St. Omer. Dort nahm sie teil an dem strengen Leben des Gebets und der Bußübungen, durch das die Gemeinschaft Gottes Willen zu erkennen suchte. Mary konnte schon bald von Barbara sagen, dass sie *„alles war, was man von einer Schwester, einer Freundin und einer Untergebenen nur wünschen konnte."*

Für weitere Einzelheiten aus Barbaras kurzem Leben sind wir auf eine zeitgenössische Biographie angewiesen. Margaret Horde trat 1614 in die Kommunität von St. Omer ein, nachdem sie den Ärmelkanal vermutlich unter falschem Namen als eine von Frau Bentleys Töchtern überquert hatte. Margaret und Barbara lebten die nächsten neun Jahre zusammen, und Margaret entwickelte eine solch starke Zuneigung und Bewunderung für Barbara, dass ihre Lebensbeschreibung fast zu einer Hagiographie wurde. Es wäre aber trotzdem ein Fehler, sie als reine Lobhudelei abzutun. Wenn wir von den übertriebensten Ausdrucken der Verehrung absehen, sehen wir ein junges Mädchen aus Fleisch und Blut, das mutig und fröhlich war und einen Platz unter Marys ersten Gefährtinnen sehr wohl verdient hat.

Barbara Ward und Margaret Horde waren Mitglieder der Reisegruppe, die Mary Ward 1621 nach Rom begleitete. Die anderen waren Winefrid Wigmore, Susanna Rookwood, Pater Henry Lee, vielleicht auch Anne Turner und ein Diener. Sie brachen am

„Sie war alles, was man von einer Schwester, einer Freundin und einer Untergebenen nur wünschen konnte."

> *Mary und Barbara Ward werden von ihrem Vater aus dem Feuer in Mulwith gerettet*

21. Oktober auf, und zwar aus Sicherheitsgründen in Pilgertracht mit hohen, breitkrempigen Filzhüten. In zwei Monaten und drei Tagen schafften sie zu Fuß die Reise von etwa 1500 Meilen. Das war schon eine erstaunliche Leistung, denn obwohl sie zwei Pferde hatten, - wovon eines das Gepäck trug, während das andere bestimmt war, *„es denen leichter zu machen, die müde waren"* – so konnte doch niemand längere Strecken reiten. In ihrem privaten Notizbuch hatte Barbara Ward ihren Vorsatz festgehalten, sich niemals über etwas zu beklagen oder Unzufriedenheit zu zeigen. Dieser mutige Entschluss wurde auf eine harte Probe gestellt, denn es gab wirklich viel zu beklagen! Die standhaften Reisenden hatten mit vereisten Straßen und verschneiten Alpenpässen zu kämpfen, die sogar heute, vom Zug oder Flugzeug aus betrachtet, uns kalte Schauer über den Rücken jagen können. Die Herbergen waren schmutzig und ohne jede Bequemlichkeit, und oft hausten dort sogar Räuber, während die Straßen von Banditen und gesetzlosen Soldaten unsicher gemacht wurden. Margaret Hordes stets bereiter Stift liefert uns eine lebendige Beschreibung, wie Barbara bei all diesen Widrigkeiten ihren Entschluss durchhielt. *„Niemals während der ganzen Reise hörte man sie über etwas klagen, egal ob gutes oder schlechtes Wetter, ob heiß oder kalt, Trost oder Trostlosigkeit, Gesundheit oder Krankheit, gute Versorgung oder Mangel, Unterkunft oder keine..."* Und noch positiver: *„Wenn wir müde waren, war sie bereit, uns aufzumuntern; wenn wir krank waren, hat sie uns gepflegt; wenn wir besorgt waren, hat sie versucht uns zu trösten; wenn wir traurig waren,*

```
SEPULTAE IN ECCLESIA
SANCTI THOMAE ANGLORUM
SOCIAE FUNDATRICIS MARIAE WARD:

BARBARA WARD        + 25 · I · 1623
ELIZABETH COTTON    + 10 · III · 1651
BARBARA BABTHORPE   + 23 · IV · 1654
CATHERINE DAWSON    + 10 · II · 1697

R. I. P.
```

> *Gedenktafel im Englischen Kolleg, Rom*

hatte sie immer einen netten Scherz parat, gewürzt mit Tugend, um uns zu erfrischen und fröhlich zu stimmen."

Die Reisegesellschaft erreichte Rom am Heiligen Abend, und ihr wurde bereits zwei Tage später eine Audienz bei Papst Gregor XV. gewährt, der sie freundlich empfing. Doch die Schwierigkeiten waren damit keineswegs vorüber. Monate vergingen, aber die Bestätigung der Lebensweise, die Mary Ward wünschte, war niemals in Reichweite. Im glühend heißen Sommer 1622 brach in Rom eine Seuche (möglicherweise eine Art von Pocken) aus. Alle Gefährtinnen erkrankten daran, und alle wurden wieder gesund – mit Ausnahme von Barbara. Nachdem sie sich etwas erholt hatte, entwickelte sich eine *„starke Erkältung"*, und einige Monate später wurde eine *„Lungenschwindsucht"* diagnostiziert. Allein und von Armut geplagt in einer fremden Stadt überhäuften ihre Gefährtinnen die Kranke mit aller erdenklichen Fürsorge und kauften alle Medikamente, die sie sich von ihren geringen Mitteln leisten konnten. Für sechs Wochen wurde Barbara bei den Nonnen von Torre de' Specchi untergebracht, aber sie kam ohne jede Besserung zurück. Es wurde eine Luftveränderung vorgeschlagen, und sie wurde aus Rom weggeschickt, *„solange die Mittel dafür reichten"*, um danach sichtbar schwächer zurückzukehren. Der General der Jesuiten forderte alle Jesuiten in Rom auf, täglich in der Messe für sie zu beten. Doch alles blieb vergeblich. Zum großen Schmerz aller starb Barbara am 25. Januar 1623. Sie wurde in der Lady Chapel des Englischen Kollegs beigesetzt, wo ihre Gebeine noch heute ruhen, wenn auch jetzt unidentifizierbar in einem Gemeinschaftsgrab.

Barbaras Tod war der erste Verlust, den die Gefährtinnen erleiden mussten. Er war umso schmerzlicher, weil sie ihre große Gabe des kontemplativen Gebets erkannten und wie sehr sie die Tugenden der Selbstlosigkeit und des Dienstes für andere in sich entwickelt hatte.

BARBARA BABTHORPE
1592-1654

Barbara Babthorpe war Marys Cousine und stieß im Jahr 1609 in St. Omer zu ihr. Daher erscheint sie nicht auf dem Gruppenbild der Gefährtinnen. Mary erkannte schnell ihre Führungsqualitäten und ernannte sie zuerst zur Oberin in St. Omer, später auch zur Provinzialoberin für alle nördlichen Häuser. Auf ihrem Sterbelager ernannte Mary Barbara zu ihrer Nachfolgerin als Oberstvorsteherin des Instituts. Seltsamerweise gibt es kein anderes Portrait von ihr als nur das eine, das sie mit ihrer Cousine Mary als Kind im Haus der Babthorpes zeigt.

Barbara Babthorpe wurde 1592 in einem der Herrenhäuser der Babthorpes etwa 10 Meilen außerhalb von York geboren. Ihre Persönlichkeit und ihr Lebensweg sind so sehr geprägt von ihrem Elternhaus und ihrer Herkunft, dass wir diese zuerst betrachten müssen, bevor wir uns ihr selbst zuwenden. Ihr Vater, Sir Ralph Babthorpe, konnte sich einer Reihe erlauchter Ahnen rühmen, die alle entweder auf dem Schlachtfeld für die Krone gekämpft oder ihr in der Verwaltung gedient hatten. Die Familie blieb katholisch trotz der Verfolgung, aber als junger Mann ging Ralph einige Jahre lang den Schwierigkeiten aus dem Weg, indem er, „*die [protestantische] Kirche so wenig wie möglich besuchte.*" Da er so dem Konflikt auswich, wurde er ein reicher Mann und Besitzer mehrerer Häuser, von denen Babthorpe und Osgodby ihm die liebsten waren. Er heiratete Grace, einziges Kind und Erbin von William Birnand, und es ist vermutlich ihr Einfluss gewesen, dass diese halbherzige Treue zur katholischen Kirche ein Ende hatte. Im späteren Leben sollte er für seine Treue dann noch teuer bezahlen.

Seine Frau Grace war zur Zeit ihrer Heirat gerade 15 Jahre alt. Das Blut der Mallorys und der Inglebys floss in ihren Adern, und sie war genauso wagemutig wie ihre Vorfahren. Noch als junge Ehefrau wurde sie zu Lord Huntington, dem Präsidenten

> *Haus der Babthorpes*

des „Council of the North" zitiert, der *„wie ein wilder Löwe gegen die Katholiken wütete"*. Sie erklärte kühn, dass sie noch nie eine protestantische Kirche besucht hätte, und als sie gefragt wurde, an wie vielen [katholischen] Messen sie teilgenommen hätte, antwortete sie, dass es so viele wären, dass sie sie nicht mehr zählen könne. Lord Huntington stampfte vor Wut mit dem Fuß auf, denn er hatte Königin Elizabeth versprochen, den Katholizismus im Norden auszurotten, und schließlich sperrte er Lady Babthorpe zusammen mit fünf weiteren Edelfrauen in Sheriff Hutton Castle ein. Heute sieht man nur noch die vier hohen Ecktürme des Schlosses, aber sie bezeugen, was für ein furchterregender Ort es einst gewesen sein muss. Lady Grace und ihre Freundinnen ließen sich nicht einschüchtern, obwohl sie zu Einzelhaft verurteilt und ihnen jeglicher Kontakt untereinander verboten wurde. Es wurden rasch Wege der Verständigung untereinander gefunden, und als Grace sogar einmal in der Zelle ihrer Nachbarin angetroffen wurde, verspottete sie den Kerkermeister frech, indem sie sagte, *„ein Mann könne kaum seine eigene Frau im Zaum halten, geschweige denn sechs Frauen."* Weiters orga-

„durch ihre weise und freundliche Leitung konnte sie alle Herzen zu Gott lenken"

> *Mary Ward und Barbara Babthorpe hören Margaret Garrett zu*

nisierte sie ein lärmendes Spiel, währenddessen sie das Gitter von ihrem Fenster entfernte und so einem Priester den Zugang verschaffte, um die Sakramente zu spenden.

Nachdem sie durch den Einfluss ihres Mannes freigekommen war, wurde ihr Haushalt zu einem Vorbild für christliche Lebensführung. Die Schilderung Pater Pollards SJ ist zwar schon oft zitiert worden, ist aber hier eine Wiederholung wert:

> *„Unser Haus könnte ich eher ein Ordenshaus als irgend etwas anderes nennen; denn obwohl dort drei Ritter mit ihren Damen wohnten [Sir Ralph, sein verheirateter Sohn William, seine verheiratete Tochter, Lady Palmes, und ihr Gemahl, Sir George], waren auch die Bediensteten Katholiken. An Sonntagen versperrten wir alle Türen, und alle versammelten sich zur Messe, und wir hatten unsere Predigten, unsere Katechesen und unsere geistlichen Unterweisungen, an jedem Sonntag und an jedem Feiertag. An den Werktagen gab es meistens zwei Messen, davon eine um sechs Uhr morgens für die Diener, an der aus eigenem Antrieb sogar mitten im Winter jeder der Herren ohne Ausnahme und auch die Damen, wenn sie nicht krank waren, teilnahmen; und die andere hatten wir um acht Uhr für jene, die die erste versäumt hatten. Am Nachmittag um vier Uhr hatten wir die Vesper, und*

danach die Matutin, wobei alle Ritter und ihre Damen, soweit sie nicht durch außergewöhnliche Anlässe daran gehindert wurden, anwesend waren und im Gebet verharrten, solange die Priester Vesper und Matutin beteten. Die meisten der Bewohner pflegten darüber hinaus täglich Betrachtung und inneres Gebet, und alle beichteten und kommunizierten vierzehntäglich, sowie an den hohen kirchlichen Feiertagen; und nach dem Abendessen beteten wir jede Nacht um neun Uhr gemeinsam eine Litanei und gingen sofort danach zu Bett."

Dies war das Heim, in dem Barbara aufwuchs. Wir begegnen ihr das erste Mal in Bild 9 des *Gemalten Lebens*. Es ist eine bezaubernde häusliche Szene, wobei Barbara nur eine Nebenrolle spielt. Sie und ihre Cousine Mary Ward sitzen bei ihrer Handarbeit, während eine fromme alte Magd, Margaret Garret, ihnen vom Ordensleben erzählt. Margaret kann ihre Zuhörerinnen fesseln, denn zwei weitere Dienstmädchen lauschen mit Interesse, während Mary so sehr fasziniert ist, dass ihre Handarbeit auf ihrem Schoß ruht. In diesem Augenblick begreift sie ihre Berufung. Barbara, erst sieben oder acht Jahre alt, fährt mit gesenktem Blick fort zu nähen, aber vielleicht nimmt sie dabei mehr auf, als für uns sichtbar ist. In der Familie der Babthorpes aufgewachsen, hatte sie eine natürliche Neigung zum Ordensleben und äußerte ihrerseits den Wunsch, in den Orden der Benediktinerinnen einzutreten. Sie wurde darauf nach Brüssel gebracht und war dort für einige Monate glücklich, bevor dann ein Halsleiden alle Hoffnungen auf ein Ordensleben als Chorfrau zunichte machte. Sie schrieb an Mary Ward, die im Jahr 1609 gerade nach St. Omer zurückgekehrt war, und nach einem Briefwechsel machte sie die kurze Reise von Brüssel nach St. Omer und wurde Mitglied in Marys Gesellschaft in der Rue Grosse. Dies erklärt auch, warum Barbara, die eine so bedeutende Rolle in Mary Wards Institut spielen sollte, nicht zu der Gruppe von Freundinnen gehörte, die gemeinsam zu der Schiffsreise nach Flandern aufbrachen.

Mary Ward hat schnell Barbaras Begabungen und Führungsfähigkeiten erkannt. Als sie selbst im Januar 1612 schwer erkrankte, ernannte sie Barbara zur Oberin des Hauses in St. Omer. Bisher hatten die Gefährtinnen keine andere Oberin als Mary gekannt, und die Ernennung war eine Überraschung, umso mehr, als Mary ja weiter mit ihnen lebte. Es mag sogar ein unangenehmer Schock gewesen sein, denn Pater Roger Lee,

ihr geistlicher Begleiter, brachte ihnen die Neuigkeit in möglichst schonender Weise bei:

> *„Nun Kinder", sagte er, „Ihr werdet wohl einsehen, dass es zur Ehre Gottes notwendig ist, dass Eure Oberin alles versucht, ihre Gesundheit wiederherzustellen. Und wie sie bisher für Euch alle gesorgt hat und Ihr alle damit zufrieden wart, so erscheint es nun angemessen, dass der Allmächtige Gott, um ihre Sorge zu erleichtern, Eurer Oberin ein Werkzeug an die Hand gegeben hat, damit Eure Ausbildung beginnen und sie selbst diese nach ihrer Genesung vollenden kann. Und wie es bisher nur die Liebe gewesen ist, die Euch alle zusammengehalten hat, und kein anderes Band oder eine Verpflichtung, da Ihr ja alle junge Edelfräulein seid, die - Gott sei Dank - wie andere sind und entsprechend ihrem Stand draußen in der Welt hätten leben können, so hat Euch doch Gott der Allmächtige aus dieser Welt zu sich berufen. Deshalb wird Schwester Barbara Babthorpe die Oberin sein und gleichwohl ganz besonders Sorge für Euch in der Novizinnenausbildung tragen."*

Während dieser Jahre, in denen Barbara in St. Omer voll eingesetzt war, kämpften Sir Ralph und Lady Babthorpe gegen die Armut, die durch ihre Glaubenstreue verursacht war. Zwei Drittel der Ländereien wurden beschlagnahmt, als Sir Ralph sich weigerte, den Treueid auf Jakob I. zu leisten, und der Rest ging nach und nach durch Geldstrafen wegen ihres Festhaltens am katholischen Glauben verloren. Schließlich entschlossen sie sich 1617, England zu verlassen und Zuflucht in Louvain (Löwen) zu suchen, wo sie sehr bescheiden lebten. Sir Ralph hatte, wie berichtet wird, nur einen Diener, der für all seine Bedürfnisse sorgte. Der Rest der Geschichte ist kurz erzählt. Später im Jahr 1617 machte Sir Ralph die Exerzitien des heiligen Ignatius, und an ihrem letzten Tag erlitt er einen tödlichen Schlaganfall. Zwei Jahre später trat Lady Babthorpe zusammen mit einer ihrer Enkeltöchter, Frances, in den Benediktinerinnen - Konvent von St. Monica in Löwen ein und legte im Jahr 1621 die Profess ab. So hatte sie, als sie 1635 starb, noch für 16 Jahre ihr Wunsch nach einem Leben im Gehorsam erfüllt. Zwei von Barbaras Brüdern traten der Gesellschaft Jesu bei, ein dritter wurde Benediktiner, und der Älteste wurde in Frankreich im Dienste des spanischen Königs getötet. Innerhalb weniger Generationen wurde die Familie vollständig ausgelöscht, aber nicht bevor sie dem Institut drei Oberstvorsteherinnen geschenkt hatte: Barbara selbst und ihre Großnichten Anna Barbara und Mary Agnes Babthorpe.

Kehren wir zu Barbara zurück. Innerhalb von drei Jahren nach ihrem Beitritt zu Mary Wards Gesellschaft war sie ein voll verantwortliches Mitglied geworden. In einer Petition an die Infantin Isabella Clara Eugenia steht ihr Name zusammen mit denen von Mary Ward und Anne Gage. Das Dokument bittet um Unterstützung eines Ansuchens an den Bischof und den Bürgermeister von St. Omer um die Gewährung weiterer Räumlichkeiten, und dies belegt nicht nur das Wachstum der Gemeinschaft und der Schule, sondern auch die Notwendigkeit, die Autoritäten aus Politik, Kirche und Stadt zu beruhigen.

Mary brauchte in den kritischen Jahren von 1616 bis 1621 alle Unterstützung, die Barbara geben konnte, als der anfängliche Erfolg des Instituts durch die wachsende Feindseligkeit der Widersacher der Englischen Fräulein gefährdet war. Es war auch die Zeit der ersten Spaltung in der Gesellschaft, verursacht durch die Unzufriedenheit Mary Alcocks und durch Schwester Praxedis' Infragestellung von Marys Führungsrolle. Im November 1616 hatte Mary die Neugründung in Lüttich gewagt, und die zwei Häuser steckten bald in finanziellen Schwierigkeiten, die ihre ganze kurze und unglückliche Existenz überschatteten. Barbara trug wenigstens einen Teil der finanziellen Last, denn am 1. Juni 1618 borgte sie 1.200 Gulden von den Jesuiten, deren eigene Finanzen aber ebenfalls auf Sand gebaut waren.

Doch es waren nicht nur diese Probleme, die Mary zu ihrer Romreise im Jahr 1621 bewogen; es war die Notwendigkeit, die päpstliche Anerkennung für diese neue Form eines Frauenordens zu erwirken. Sie brach gemeinsam mit vier ihrer Gefährtinnen am 21. Oktober auf. Ihr Vertrauen in Barbaras Treue und Fähigkeiten war so groß, dass sie diese zur Provinzialoberin mit der Verantwortung für die Häuser in St. Omer, Lüttich, Trier und Köln ernannte. Nachdem sie eine Gemeinde und eine Schule in Rom gegründet hatte, rief sie neuerlich ihre Cousine um Hilfe an. In einem Brief vom 29. Oktober 1622 bat sie diese, junge Mitglieder zur Unterstützung der römischen Oberin zu senden. Der erste Teil dieses Briefs ist verloren, aber er fährt fort: „... *zwei Gefährtinnen, um sie in ihrem Amt zu unterstützen, und eine Schwester, um für sie zu kochen und andere notwendige Sachen zu erledigen. Wir vergeuden die Kraft der Oberinnen aus Mangel an Helfern...*" Dies ist das erste überlieferte Beispiel für Marys viele Bitten um mehr Mitglieder, damit ihr Werk weiter aus-

gebaut werden könnte - Bitten, die zahllose weitere Oberinnen in den folgenden Jahrhunderten wiederholen würden. In diesem Fall wurden Mary Poyntz und weitere Schwestern entsandt, sodass die römische Gemeinde schließlich 12 Mitglieder zählte.

Marys Aufenthalt in Rom musste weit über ihre ursprünglichen Erwartungen hinaus verlängert werden, da die päpstliche Zustimmung sich als schwer erreichbar erwies und Marys Zeit und Kraft darüber hinaus durch die tödliche Krankheit Barbara Wards und die Neugründungen in Neapel und Perugia in Anspruch genommen waren. Barbara Babthorpe wurde deswegen sicher nicht vergessen. Der Brief vom 29. Oktober 1622 endet: *„ Leben Sie wohl, liebe Mutter, Jesus sei mit Ihnen, und beten Sie für mich. Ich vergesse Sie nicht ...um der Liebe Gottes willen, mäßigen Sie Ihre Arbeit, so dass Sie Ihre Gesundheit nicht aufs Spiel setzen."* In einem anderen Brief rät Mary Barbara, wie sie mit einem Widersacher umgehen soll, und besteht darauf, dass sie „herzlich" mit ihm sein sollte. Es ist auch vermutet worden, dass Mary bei der Gründung in Neapel an eine mögliche Zuflucht für die Lütticher Gemeinde gedacht haben könnte.

Wenn sie auch nicht vergessen war, so musste Barbara doch allein weiterkämpfen, ohne die leibliche Anwesenheit Mary Wards. Es genügt nicht, sie zu loben, weil sie den Schwierigkeiten ihrer Situation so mutig die Stirne bot. Diese *„Schwierigkeiten"* sollten näher untersucht und der wirkliche Stand der Dinge bewertet werden. Sie hatte die Sorge für eine große und wachsende Zahl junger Frauen - ein englischer Spion nannte 1622 die Zahl von 60 Mitgliedern. Die meisten kamen aus gutsituierten Familien, in denen materielle Sicherheit eine Selbstverständlichkeit war und deren „Armut", verursacht durch Geldstrafen für das Festhalten am katholischen Glauben, nur eine relative war, die selten, wenn überhaupt, Hunger und wirklichen Mangel einschloss. Barbara war verantwortlich für die Ernährung dieser jungen Mitglieder und für ihre Versorgung mit dem übrigen täglichen Bedarf. Doch konnte sie manchmal kaum genug Brot besorgen, um ihren Hunger zu stillen. In Lüttich war die Gemeinde so tief verschuldet und die „Wut" der Gläubiger so groß, dass die Gerichtsvollzieher den größten Teil ihres Besitzes beschlagnahmten und sie mit einem Prozess bedroht wurden. Der finanzielle Zusammenbruch von Lüttich zog auch die Kommunität in St. Omer mit sich nach unten, während es zweifelhaft ist, ob die Gefährtinnen in Köln und

Trier sich jemals über die Armutsgrenze emporarbeiten konnten. Als eine Gruppe 1627 Lüttich in Richtung München verließ, gab Mary die Anweisung, dass sie auf keinen Fall über Trier reisen sollten, weil *„die Armut unseres dortigen Hauses so groß ist, dass man diesen Anblick denjenigen, die reisen, besser ersparen sollte"*. Die Englischen Fräulein hatten natürlich ihre Gönner, einige davon in hohen Positionen, so den Fürstbischof Ferdinand und die früheren päpstlichen Nuntien Albergati und Montoro, und es gab natürlich auch freundliche Hausfrauen, die gelegentlich mit Körben frisch gebackenen Brotes und Ketten von Würsten kamen, wenn die Familie ein Schwein geschlachtet hatte. Aber es gab auch große Feindseligkeit in den Städten. Die Wunden, die Mary Alcock und Schwester Praxedis hinterlassen hatten, heilten nur langsam. Und auch wenn Barbara die skandalösesten Verleumdungen von den jungen Ohren fernhalten konnte, so hörten die Mitglieder bei ihren Gängen in den Straßen und auf den Marktplätzen doch die geflüsterten Schmähworte *„geschwätzige Flittchen"* und *„Herumtreiberinnen"*.

Es können deshalb nur die Göttliche Vorsehung und die magnetische Anziehungskraft Mary Wards und ihres abenteuerlichen Unternehmens gewesen sein, welche die jungen Gefährtinnen an das Institut gebunden haben, da sie es doch mit der Sicherheit einer Karmeliterinnen-Zelle oder eines Benediktinerinnen-Chorgestühls hätten vertauschen können.

Während Barbara in Flandern so sehr kämpfen musste, war Mary in Rom mit Frustration und Enttäuschung konfrontiert. Eine Audienz bei Papst Urban VIII. und ein Treffen mit den zur Beurteilung ihres Falles berufenen Kardinälen schien Gutes zu verheißen, aber die erstrebte Anerkennung kam niemals in Reichweite. Sie entschied sich schließlich im Jahr 1626, Rom zu verlassen und ihre Häuser nördlich der Alpen zu besuchen. Am 14. Dezember schrieb sie Barbara Babthorpe aus Mailand und teilte ihr mit, dass sie einen Umweg über München nehmen würde. Damit war der Besuch in Flandern auf unbestimmte Zeit verschoben, und das zukunftsträchtige Treffen mit Kurfürst Maximilian I. fand statt. Mary fand dort Verständnis für ihre Erziehungsziele und ganz allgemein für ihr Apostolat, und ihre Dienste waren sehr erwünscht. Am 16. Februar 1627 schrieb sie einen dringenden, freudig erregten Brief an Barbara Babthorpe, um sie mit 12 Gefährtinnen nach München zu berufen:

> *„Hier verlangt man so sehr nach der baldigen Ankunft der Unsrigen, dass ich jetzt schon müde bin, immer wieder zu beteuern, dass ich doch selbst noch keine Antwort auf meinen letzten Brief an Sie habe. In Gottes Namen, beeilen Sie sich, so sehr Sie können. (Nur für Sie: Ich freue mich sehr, dass Sie die 20 Pfund aus England bekommen haben und so nicht länger zu warten brauchen. Ich muss Sie nicht erst bitten, damit sparsam zu sein.) Nur Gott weiß, wie wir Geld auftreiben können, um unsere Arbeit weiterzuführen, wenn ich zu Ihnen komme - und wie ich auch nur Geld auftreiben soll, um von hier wegzukommen! Denn ich darf auf keinen Fall den Herzog oder die Herzogin dafür um Geld bitten, und noch weniger ist jetzt die Zeit, ihnen eine Stiftung für Lüttich oder Trier vorzuschlagen."*

In einem langen Absatz überlegt Mary, welche Mitglieder nach München entsandt werden könnten. Sie fährt fort:

> *„Gott in Seiner Güte möge taugliche Personen finden, die Seine Werke ausführen können. Es ist ein Schmerz, zu denken, dass den Unsrigen nur wenige Jahre bleiben, um zu wirken, und mehr noch, wie viel es in dieser kurzen Zeit zu tun gibt, und wie wenige dies alles bewältigen müssen. Beten Sie, dass ich völlig mit dem Willen Gottes übereinstimme, und dann wird alles, was geschieht, sehr willkommen sein."*

Der Brief endet:

> *„Nichts weiter wünsche ich Ihnen, meine liebe Mutter, als allen Segen, und beeilen Sie sich, so sehr Sie können. Ich hoffe, dass Mutter Mary Hazelwood mit Ihnen kommt. Mutter Anne sollte sie uns bis zum Ende des Sommers ausleihen. Vale. Jesus sei mit Ihnen."*

Barbara und ihre Gefährtinnen machten sich in größter Eile auf den Weg und ließen Anne Gage - obwohl gesundheitlich angeschlagen - mit der Verantwortung für die nördlichen Häuser zurück.

Der Erfolg des Paradeiserhauses wurde schon geschildert. Dies eröffnete für Mary die optimistische Aussicht einer möglichen Ausbreitung ihres Instituts in Mitteleuropa, und als Kaiser Ferdinand II. (ein Schwager des Kurfürsten Maximilian) sie einlud, eine Schule in Wien zu eröffnen, akzeptierte sie diese Einladung ohne Zögern. Am 27. Juni 1627 brachen sie und Barbara in die österreichische Hauptstadt auf, mit einem warmherzigen

Empfehlungsbrief des Kurfürsten an seinen Schwager, den Kaiser, und mit Briefen des Jesuiten-Generals Pater Mutius Vitelleschi, der Marys Tugend, ihre Arbeit und ihr Institut sowie *„die Früchte, die es trägt"* wärmstens empfahl. Bewaffnet mit diesen bedeutsamen Dokumenten reisten die beiden Gefährtinnen mit Zuversicht die Donau abwärts in Richtung Wien. Dort wurden ihnen zwei Häuser zur Auswahl angeboten, und sie entschieden sich für *Stoss am Himmel*, ein großes Gebäude, welches man noch heute nahe der Kirche „Maria am Gestade" sehen kann. Es ist in seinem hohen Alter etwas schäbig geworden, und das Stiegenhaus ist ziemlich staubig, aber mit etwas Phantasie kann man sich leicht die frühere Würde dieses Hauses vorstellen. Marys Vertrauen und Großherzigkeit wurden wieder mit Erfolg gekrönt, da das Haus sich schnell mit Schülerinnen füllte und die Eltern - einfache Bürger genauso wie Mitglieder altehrwürdiger Familien - sich sehr zufrieden zeigten.

Die Zahl der für solche Aufgaben geeigneten Schwestern, die Mary zur Verfügung hatte, war bereits gefährlich geschrumpft, aber der nächste Hilferuf war einer, der nicht abgelehnt werden konnte. Der Protestantismus war für die Katholische Kirche im gesamten Heiligen Römischen Reich eine große Herausforderung, in Ungarn machten sowohl die Calvinisten als auch die Lutheraner Fortschritte, und die Katholiken ließen den Mut sinken. Kardinal Pázmány, Erzbischof von Gran (Esztergom) im kaiserlichen Ungarn, war entschlossen, diesen Kampf nicht zu verlieren. Dieser moderne *„Don Juan d' Austria riding to the war"*[5] scheint den Charme und die Kultur eines Renaissance-Gelehrten mit dem strengen Feuereifer eines Priesters der Gegenreformation vereint zu haben. Dazu kam noch ein gutes Maß an Toleranz. Er erkannte klar, dass Bildung die schärfste Waffe in seinem Arsenal war, und dass katholisch erzogene Frauen ihren Glauben an die nächste Generation weitergeben würden. Er trug sein Anliegen dem Kaiser und dem Nuntius Carafa vor, mit einem besonderen Plädoyer für Pressburg (Bratislava, damals Teil von Ungarn). Die Ereignisse entwickelten sich schnell, und am 14. März 1628 begleitete Barbara bereits Mary Ward, um in dieser Stadt eine Schule zu errichten. Der Kardinal übergab ihnen ein Haus nahe

---

[5] Anspielung auf ein Gedicht von G. K. Chesterton, das die dynamische Persönlichkeit des Siegers von Lepanto feiert.

der Kirche des hl. Andreas; die Gründung hatte die erforderlichen kirchlichen und kaiserlichen Genehmigungen, und die calvinistischen Stadträte wurden besänftigt. Barbara Babthorpe wurde zur Oberin der kleinen Kommunität ernannt, die aus zwei Lehrschwestern (einer Italienerin und einer Deutschen) und aus einer deutschen Pförtnerin bestand, die Köchin war keine Ordensfrau. Obwohl vergleichsweise gut ausgestattet, waren die Neuankömmlinge mit Schwierigkeiten konfrontiert, wie ein Brief Barbaras an Winefrid Wigmore vom 20. Juli 1628 belegt:

„Unsere Arbeit hier in Pressburg betreffend: Unser Haus wird gerade hergerichtet, ich würde sagen neu gedeckt, da das ganze Dach abgerissen wurde und die Dachbalken schon aufgesetzt, aber noch nicht eingedeckt sind. Und der Regen wird nicht warten, bis wir es beendet haben. Alle alten Teile des Hauses sind im Umbau, um sie unseren Bedürfnissen besser anzupassen, aber es wird nicht gleich gänzlich neu gebaut, da der Erzbischof nicht genug Geld hat. So ließ er zuerst einmal das Dach abreißen und erneuern, damit wir im Trockenen sitzen können. Seine Exzellenz, der Erzbischof, kam am Tag des hl. Petrus nach Pressburg. Ich begrüßte ihn mit einem kurzen italienischen Willkommensbrief, um ihm zum Namenstag zu gratulieren, da sein Name Peter ist. Dieser schlichte Brief brachte uns sechshundert Taler ein.

…Unsere Schulen betreffend: Was ich Seiner Exzellenz sagte, kann ich auch Ihnen nicht besser sagen, nämlich dass wir nur abwesende Schülerinnen haben, da die Armen im Weinberg arbeiten müssen und die Reichen unregelmäßig kommen, und so kann ich nicht sagen, wie viele Schülerinnen an der Schule sind; dennoch waren sie zu besonderen Anlässen alle hier. Aber was er uns voraussagte, das erfahren wir nun auch, dass wir für den Anfang viel Geduld haben müssen. Er sagte: „Sie sind hier sehr zurückgeblieben und unwissend, und so ist das Wichtigste, was Sie jetzt brauchen, Geduld. Bevor sie dahin kommen werden, diese feinen Arbeiten zu erlernen, werden Sie mit ihnen viel Geduld geübt haben." Seine Exzellenz wollte, als ich bei ihm war, unsere Stickmuster sehen, also schickte ich nach ihnen, und als er sie sah, sagte er das letztere.

Seine Exzellenz wünscht sehr, dass wir bald auch Ungarische (Ungarinnen) unter uns haben sollten. Er erklärte, wenn er von welchen wüsste, die einzutreten wünschten, würde er ihnen persönlich helfen und die nötigen Mittel beschaffen, und er würde jedem entgegentreten, der sie hindern wollte. Er hat dem Propst befohlen, sich zu kümmern und zu tun, was er kann, um für uns einige Wohlhabende zu finden, die Ländereien und Gärten besitzen, die wir dann kaufen könnten. Er selbst hat ein wahrlich väterliches Herz für uns, aber nicht so viele Mittel, um zu tun, was er wünscht, denn er baut gerade ein Kolleg für die Patres [der Gesellschaft Jesu] an einem anderen Ort in Oberungarn.

Seine Zuneigung für uns ist rührend, denn wir bitten ihn um nichts, sondern bedanken uns für das, was wir haben; das gefällt Seiner Exzellenz sehr, da er eine fordernde Haltung nicht schätzt. Wie er einst zu dem Propst sagte: „Ich bin um so besorgter, ihnen zu helfen, und denke mehr an sie, als ich es sonst täte, weil sie mich um nichts bitten und damit widerlegen, was die hiesigen Patres mir gesagt haben, dass sie alles Mögliche brauchten." Sie können sich denken, dass mir dies eine Lehre war, nicht zu schnell zum Bitten bereit zu sein, aber es ist wirklich nicht nötig. Der Propst ist sehr vertraut mit unserem Haus, er sieht alles, was uns mangelt, und so tut er gerne, was notwendig ist. Wir haben auch stille gute Freunde. Gestern wurden mir von einer Dame acht Taler, drei Hühner und ein kleiner Topf mit Milch geschickt; von einer anderen Dame eine Tonne Malz und vier harte Salzsteine, die hier sehr teuer sind. So freigebig ist Gott gegen uns, - wenn wir nur halb so großzügig Ihm gegenüber wären, welch seliges Bitten würde dies sein! Beten Sie, liebe Mutter, dass wir nicht versäumen, alles zu tun, worum wir um seinetwillen gebeten werden, alles andere ist im Vergleich dazu unwichtig. Verzeihen Sie mir meine Weitschweifigkeit, und beten Sie für mich, ich flehe Sie an. Maggiora Ursula [die italienische Schwester aus Neapel], Sie erinnern sich an sie, sendet Ihnen einen tiefen Dank für Ihre liebevolle Mühe mit ihr; sie möchte, dass Sie sie geistlich machen! Auch alle anderen empfehlen sich Ihnen unbekannterweise, und wie glücklich wären wir alle, Sie hier in Pressburg zu sehen. Ich bin nicht ohne Hoffnung; Was auch immer geschieht, es ist nie zu spät, Sie hier willkommen zu heißen.

So sage ich adieu, liebe Mutter
Barbara Babthorpe, 20. Juli 1628

Trotz zeitweiliger Rückschläge schien die Zukunft der Gefährtinnen in Pressburg und Wien vielversprechend. Aber anderswo war das Institut in großen Schwierigkeiten. Im Januar 1631 unterzeichnete Papst Urban VIII. die Aufhebungsbulle. Im Februar wurde Mary Ward im Angerkloster inhaftiert und erkrankte dort so schwer, dass sogar sie glaubte, sterben zu müssen. Deshalb schrieb sie einen vorsichtig formulierten Zitronensaft-Brief, in dem sie Barbara Babthorpe beauftragte, im Falle ihres Todes als Oberstvorsteherin der Gesellschaft zu handeln:

„Informieren Sie Margaret Jenison [in Wien] ausreichend. Sie soll nach dem Empfang dieses Dokuments ihren Bediensteten damit zu Mutter Babthorpe [in Pressburg] senden, um sie wissen zu lassen, dass ich während meiner Haft oder meiner

> *Abwesenheit die ganze [Verantwortung] in ihre Hände lege, damit sie die erste und oberste Fürsorge für alle Mitglieder außerhalb Italiens übernimmt. Und dass sie sich, wenn Sie beide inhaftiert wären, für Eure Freiheit und für alle Unseren, auch für die in Italien und überall einsetzen möge. Dass sie mit Zustimmung des Kardinals [Pázmány] ihr Amt als lokale Oberin aufgibt und ihm für dieses Amt [Frances] Brooksby oder [Veronika] Maxlrain gibt, welche von beiden er selbst will. Dass sie so schnell wie möglich nach München kommt, hier möglichst immer bleibt und sich speziell um die Schule kümmert, und dass sie weitere Nachrichten hier empfangen wird. Schreiben Sie an den Kardinal [Pázmány] - wie ich es vor meiner Einkerkerung tun wollte, als ich so plötzlich verhaftet wurde -, dass ich ihn anflehe, weiter unser Vater und Schirmherr zu sein, nicht nur dort, sondern an allen Orten. Und dies sind, das sollen Sie ihm versichern, meine eigenen Worte, und er möge auf Barbara verzichten aus den oben genannten Gründen."*

Isoliert in Pressburg wusste Barbara nichts von Mary Wards Inhaftierung und Krankheit, bis sie die Nachricht von einem zuverlässigen Mitglied des ungarischen Adels bekam. Sie eilte nach München und kam dort im Juni 1631 an. Mary Ward, inzwischen aus der Haft entlassen und teilweise genesen, war dabei, sich auf die Romreise vorzubereiten, um sich dort gegen die vorgebrachte Anklage zu verteidigen.

Kardinal Pázmány erwies sich in der Tat als der Freund und Schirmherr, auf den Mary gehofft hatte. Frances Brooksby, die das Haus in Pressburg übernahm, erhielt weiterhin eine Unterstützung aus der Kasse des Ungarischen Hofes - bis Ende 1633. Aber dann half nichts mehr gegen die päpstliche Missbilligung, weder die kaiserliche Genehmigung noch die Unterstützung Pázmánys, und gegen Ende des Jahres wurde das Haus geschlossen. Frances erhielt Anweisung von Mary (aus Rom), nach München zurückzukehren. Dort stellte sich ein kleines aber starkes Team mit Barbara Babthorpe und Winefrid Bedingfield der äußerst schwierigen Situation.

Die Aufhebungsbulle von 1631 hatte zur Schließung der Schule wie auch zum Verlust vieler Mitglieder geführt. Die Stadt war drei Wochen von der Schwedischen Armee besetzt, die das Umland monatelang verwüstete. Die Gemeinschaft musste, wie berichtet wird, *"Hunger und Not, den Verlust des guten Namens, Verachtung, Schande und Ungnade"* erfahren. Der Kurfürst und seine Gattin hatten Zuflucht in der Festung Braunau gesucht, und Barbara reiste mit Mary Poyntz dorthin, um die Erlaubnis für die Wiedereröffnung der Tagesschule zu erhalten. Das Paradeiserhaus nahm langsam seine frühere Arbeit wieder auf, wenn auch mit einer verringerten Anzahl von Mitgliedern, die nun als Laien lebten.

Die große Veränderung kam im Jahr 1637. In Rom schien Mary Ward dem Tod nahe. Am 16. August jedoch überraschte sie ihre Gefährtinnen mit der Ankündigung, nach Spa bei Lüttich reisen zu wollen. Auf die Einwände ihrer Mitschwestern entgegnete sie: *„Nein, ich habe nicht den Verstand verloren....Hier muss ich sterben, dort kann ich mich vielleicht erholen."* Sie sollte von Winefrid Wigmore, Mary Poyntz und Anne Turner begleitet werden. Die Verantwortung für das römische Haus während ihrer Abwesenheit musste sorgfältig erwogen werden, da seine ganze Existenz allein vom Wohlwollen Papst Urbans VIII. abhing, und sein Wohlwollen war ein Unsicherheitsfaktor. So wurde Barbara Babthorpe nach Rom berufen, um ihre Erfahrung und diplomatischen Fähigkeiten in dieser - einer Gratwanderung gleichenden - Situation zu nutzen. Mary hatte die feste Absicht, nach Rom zurückzukehren, auch nachdem sie ihre Reise von Spa nach England fortsetzte, aber der Tod ereilte sie im heimatlichen Yorkshire. Daher konnte Barbara nicht an ihrem Sterbebett sein, aber Mary hatte sie in ihren letzten Tagen zu ihrer Nachfolgerin ernannt. Mary Poyntz schrieb Barbara einen langen Brief und beschrieb darin ihre letzten Wochen und die Einzelheiten von Mary Wards Tod. Der Brief anerkennt Barbaras neue Autorität, indem diese mit *„Ehrwürdigste"* angesprochen wird.

Barbara konnte sich nicht mit ihrem neuen Amt anfreunden. Wie ihre Mutter, Grace Babthorpe, wünschte sie, ihre späten Tage im Gehorsam zu leben, und bat deshalb einige Male um die Erlaubnis, ihr Amt niederzulegen; aber die anderen Mitglieder, die sie sehr schätzten und liebten, flehten sie an, im Amt zu bleiben. Im Jahr 1653 allerdings wies sie zusätzlich auf ihre schlechte Gesundheit hin. Da sie ihren Tod nahen fühlte, berief sie Mary Poyntz nach Rom und schrieb, ganz von Liebe überwältigt, einen rührenden Hilferuf an Mary Ward:

> *„Meine wahrhaftige, liebste und glückselige Mutter, Mutter Mary Ward, ich stelle mich mit aufrichtiger und töchterlicher Liebe unter Deine mütterliche und*

liebende Fürsorge, mit mehr als gewöhnlichem Vertrauen, da die Zeit gekommen ist, da der Tod an die Tür zu klopfen scheint, weshalb ich Dich anflehe, für mich zu beten, dass ich mir jetzt nichts anderes wünsche, als was Gott will. Sei bei mir jetzt und in der Stunde meines Todes, damit ich in Frieden und Ruhe der Seele sterben kann, und schütze mich vor der Arglist und den Versuchungen des Teufels. Nun, in meinem Vertrauen neu bestärkt, bitte ich Dich demütig als Deine untreue Dienerin, mir von unserem lieben Herrn Vergebung zu erflehen, für all meine Undankbarkeit und Verfehlungen. Hilf mir und stehe mir, Deinem ärmsten Kind, bei. - B.B."

Eine Wahl wurde abgehalten, bei der Mary Poyntz einstimmig gewählt wurde, zukünftig das Amt der Oberstvorsteherin auszufüllen. Barbara war tot, noch bevor die Delegierten Rom verlassen hatten. Sie starb am 23. April 1654 und wurde in der Kapelle des Englischen Kollegs beigesetzt, wo ihr Bruder, Thomas Babthorpe S.J., Rektor war. Eine lateinische Inschrift, geschrieben auf Pergament, wurde in einem Metallgefäß ihrem Sarg beigegeben, und so lautet die Übersetzung:

„Jesus, Maria, St. Barbara
Barbara Babthorpe,
Tochter von Sir Ralph Babthorpe, aus Babthorpe Hall in der Grafschaft York, Mitglied der „Equites Aurati" (Ritter vom goldenen Sporn), nachdem sie ihr Institut und all seine Mitglieder mit vielgepriesener Weisheit, Frömmigkeit und Güte gegenüber jedermann geleitet hat, starb im Alter von 62 Jahren und 8 Monaten am 23. April 1654, und ihr wird nun der Lohn für ihre immerwährende Jungfräulichkeit zuteil, den die Welt nicht gewähren kann.
Ihre sterblichen Überreste wurden in der Lady Chapel des Englischen Kollegs beigesetzt, um dem ewigen Glück entgegenzusehen."

Dies ist eine typisch bescheidene Zusammenfassung eines Lebens, welches ganz der Errichtung von Mary Wards Institut gewidmet war. Barbara stand nie im Mittelpunkt und wurde selten an Marys Seite gesehen; ihre Rolle war eher die eines Mitglieds, das so großes Vertrauen genoss, dass sie Mary in deren Abwesenheit jederzeit vertreten konnte.

Außer dass sie als Kind im Gemälde Nr. 9 des *Gemalten Lebens* erscheint, haben wir kein Portrait von ihr, und die alten Chroniken schreiben ihr meistens alle konventionellen Tugenden zu. Aber zwei zeitgenössische Mitteilungen legen nahe, dass sie ihre Begabung vor allem dafür einsetzte, die Aufmerksamkeit nicht auf ihre Person zu lenken, sondern die Menschen zu Gott zu bringen. Es wurde ihr nachgesagt, dass Kinder und Erwachsene gleichermaßen gebannt ihren religiösen Unterweisungen lauschten, und dass sie durch „ihre weise und freundliche Leitung" „alle Herzen zu Gott lenken" konnte.

Heute kann keine Pilgerreise mehr zu ihrem Grab gemacht werden, da ihre Gebeine in einem allgemeinen Beinhaus ruhen. Es gibt keine Babthorpes mehr in Yorkshire oder anderswo. Osgodby Hall, bis zur Unkenntlichkeit verändert, ist im Besitz von Fremden, und auf dem Grundstück von Babthorpe Manor steht ein modernes Bauernhaus. Aber in den Annalen des Ordenslebens wird sie immer als eine der ersten Weggefährtinnen Mary Wards geehrt werden.

SCHWESTER DOROTHEA
etwa 1620

Wir kennen ihren Familiennamen nicht, nur den Vornamen „Schwester Dorothea". Als eine der frühen Gefährtinnen wurde sie in die gefährliche Englische Mission entsandt, und ihr apostolisches Wirken in East Anglia gibt uns Einblick in die Lebensweise einer ganzen Gruppe von Mary Wards ersten Gefährtinnen. Von Dorothea gibt es kein Bildnis. Eine Szene aus dem „Gemalten Leben", die darstellt, wie Mary Ward mit ihrem Dienstmädchen die Kleider tauscht (Nr. 18), um bei ihrem Untergrundapostolat in London nicht erkannt zu werden, könnte uns jedoch auch eine Vorstellung vom Leben Dorotheas geben

Mary Wards Englische Mission umfasste nicht nur eine Gruppe von Mitgliedern, die in London in Gemeinschaft lebten und arbeiteten, sondern auch eine unbekannte Zahl von Gefährtinnen, die einzeln von den Landhäusern katholischer Besitzer aus wirkten. Von diesen Gefährtinnen kennen wir nur Schwester Dorothea. Ihre wahre Identität war ein so streng gehütetes Geheimnis, dass sie bis heute ein Geheimnis geblieben ist, aber sie muss eine Dame von gesellschaftlichem Rang gewesen sein. Ihre Gastgeberin, die sie in ihrem Bericht immer als *„meine gnädige Frau"* bezeichnet, war Lady Timperly von Hintlesham Hall, nahe Ipswich. Abgesehen von diesen wenigen Fakten stammt alles, was wir über Schwester Dorothea und ihr Wirken wissen, aus ihrem eigenen Bericht von 1623, den sie möglicherweise für ihre Oberin, Frances Brooksby, verfasst hat. Das Dokument ist so interessant, dass wir es hier nach einer im 17. Jahrhundert erstellten Kopie des Archivs von München-Nymphenburg vollständig wiedergeben.

Schwester Dorotheas Bericht
1592 – 1631

Eine Erzählung einer der Unsrigen, einer Laienschwester, einer von denen, die auf dem Lande in England leben. Entsprechend Ihrem Auftrag will ich so gut und so kurz wie möglich von meiner Tätigkeit und meiner Lebensweise erzählen: Ich lebe im Haus einer armen Frau, die mich als ihre Verwandte ausgibt. Und durch die Hilfe meiner gnädigen Frau N.N. [Lady Timperley], die als einzige weiß, wer ich bin, habe ich zuweilen die Möglichkeit, mir selbst und anderen den Empfang der Heiligen Sakramente zu ermöglichen. Dazu habe ich allerdings selten Gelegenheit, was mein größtes Leid ist; alles andere bedeutet mir nicht viel, und auch dies ist nicht schwer, wenn man bedenkt, für Wen ich es erdulde.

Ich wage nicht, öffentlich Schule zu halten, wie wir es jenseits des Meeres tun, vor allem weil ich erst kurz vor Ostern angekommen bin, wenn Anklagen[6] üblicherweise gehäuft vorkommen und die Angelegenheiten aller möglichen Menschen unter die Lupe genommen werden. Aber ich unterrichte die Kinder bzw. gebe Katechese in den Häusern der Eltern, was ich für eine gute Lösung halte. Bei dieser Gelegenheit lerne ich die Menschen kennen und erlange so zuerst die Zuneigung der Eltern, so dass sich nachher ihre Seelen mit größerer Leichtigkeit Gott wieder zuwenden.

Neben dem Unterricht der Kinder bemühe ich mich, die einfachen und gewöhnlichen Menschen zu unterrichten, indem ich ihnen das Vaterunser, das Ave Maria, das Glaubensbekenntnis, die 10 Gebote usw. beibringe. Jene, die ich wegen ihrer Angst vor Verfolgung, Verlust des Vermögens und ähnlichem vorerst nicht zu dem Entschluss bringen kann, lebendige Glieder der katholischen Kirche zu sein, versuche ich wenigstens so weit zu beeinflussen, dass sie, da sie den rechten Weg zum Heil verstanden haben und an ihn glauben, selten oder widerwillig in die häretischen Kirchen gehen, es verabscheuen, die profane Kommunion dort zu empfangen, aufhören, Gott mit schweren Sünden zu beleidigen oder seltener sündigen, und nach und nach versuche ich, ihnen das Fluchen und übermäßiges Trinken usw. abzugewöhnen. Ich pflege und versorge arme Menschen, wenn sie krank sind, und mache Salben zur Heilung ihrer Wunden, und ich bemühe mich auch, zwischen Streitenden Frieden zu stiften. Mit diesen Werken der Barmherzigkeit verbringe ich meine Zeit, und dies nicht an einem, sondern an vielen Orten, wo immer ich die beste Gelegenheit sehe, zu Gottes Ehre zu arbeiten. Aber es ist höchst beklagenswert, dass es so unglaublich schwierig ist, einen Priester zu finden, um sie mit Gott zu versöhnen, wenn die armen Seelen endlich dahin gelangt sind, dass sie nichts sehnlicher wünschen, als durch die Sakramente ihre Seelen zu retten. Und dies einerseits, weil es so wenige Priester gibt, oder wegen der Ängstlichkeit derer, mit denen sie zusammen leben. Ich hatte einmal drei Menschen in großer Not, und über ein halbes Jahr konnte ich beim besten Willen keinen Priester finden, obwohl ich viele Meilen dafür gelaufen bin, um einen aufzutreiben, und auch meine gnädige Frau konnte mir nicht helfen. Endlich, am 20. März 1622, lud mich die Schwester meiner gnädigen Frau ein, zu meinem eigenen Trost Mr. Palmer, einen Benediktiner, in ihrem Haus zu treffen. Ich erzählte ihm von den drei armen Menschen, die so lange schon ersehnten, wieder in die Kirche einzutreten, und er hatte Mitleid mit ihnen und willigte ein, dass ich eine von ihnen auf ein abgelegenes Feld bringen sollte, wo er sie wieder in die Kirche aufnahm. Die anderen zwei mussten wegen der Abgelegenheit des Ortes jedoch noch länger warten. Es war jetzt schon die österliche Zeit, und einer von ihnen war in Todesgefahr. Da erinnerte ich mich an Ihre Worte, in einem solchen Fall keine Mühen zu scheuen und jeden Priester zu nehmen, egal welchen, und so lief ich auf der Suche zwölf Meilen (was im Vergleich zu meinen sonst üblichen Reisen für mich keine große Entfernung war). Dort fand ich einen Weltpriester und brachte ihn mit nach Hause. Dieser Priester nahm bei dieser Gelegenheit gleich drei wieder in die Kirche auf. Nicht lange danach, da ich an demselben Ort drei weitere hatte, die konvertieren wollten, und noch dazu verschiedene Katholiken, die ich von weit entfernten Orten versammelt hatte, um die Sakramente zu empfangen, gewann ich mit Unterstützung meiner gnädigen Frau einen Benediktiner,

„Ich sehe nicht ein, warum diese Frauen nicht eben so gut zur Ehre Gottes in der Welt leben sollten, um für die Bekehrung der Seelen zu wirken"

---

[6] in der Osterzeit waren die Behörden besonders aufmerksam und beobachteten genau, wer nicht zu den Sakramenten ging. Wer die Osterkommunion in der anglikanischen Kirche versäumte, war sehr verdächtig, Katholik zu sein.

- einen sehr guten und tiefgläubigen Mann, von dem die Armen viel Trost erfuhren - in [unser] armes Haus zu kommen, wohin ich sie alle einige Tage vorher unter dem Vorwand, Kräuter zu sammeln und Salben daraus zu machen, zusammengerufen hatte.

Drei Dinge habe ich beobachtet, die bei jeder Konversion passieren: 1. Dass ich nie jemanden allein für den Glauben gewinne, sondern immer mehrere gleichzeitig 2. Dass mindestens einer glücklich stirbt, während die anderen weiter am Leben bleiben. 3. Dass immer, wenn Leute zurück gewonnen worden sind, bald darauf die Verfolgung viel intensiver wird als zu anderen Zeiten. So wurde diesmal meine Exkommunikation vorbereitet und offiziell in der Kirche dem Pastor übergeben, um sie öffentlich zu verkünden. Aber diese Vorfälle erinnern mich stets an das, was Sie uns oft gesagt haben, dass diese Leute wie Hunde sind, die mit ihrem Bellen die Menschen vom Ziel ihrer Reise abhalten wollen, die aber letztendlich nicht zu beißen wagen. So habe ich es oft erlebt, aber in diesem Fall traf es ganz besonders zu, denn der Pastor, da er nur den Namen „Dorothea" auf dem Exkommunikationsdokument fand und fürchtete, dass ihn jemand hereinlegen wollte, sagte sehr zornig zu den Beamten: *„Ich werde kein Narr sein und mich selbst in Gefahr bringen, gegen das Gesetz zu verstoßen, nur um Ihnen zu gefallen"*, und er lehnte es deshalb ab, irgend etwas gegen mich zu unternehmen.

Am 10. April ging ich auf Bitten meiner gnädigen Frau, um drei Wochen lang bei einer Dame zu leben, die gerade erst Katholikin geworden war. Ihr Vater und ihre Mutter waren solche Katholiken, die den Eid[7] geschworen hatten. Ihr Mann war ein sehr lauer Katholik, obwohl er schon kränklich war und bald danach starb. Das ganze Haus war in großer Unordnung, und sein Ruf war nicht der beste. Bei meiner Ankunft bemerkte ich, dass es nicht gut aufgenommen worden wäre, wenn ich gleich von Gott und dergleichen gesprochen hätte. Deswegen passte ich mich ihren Vorlieben an und konnte so rasch ihre Zuneigung gewinnen, indem ich sie einfach bediente und pflegte, ihnen Medizin und Salben anrührte und ihnen beibrachte, wie sie es auch selbst machen konnten. Zuletzt konnte ich sie so gewinnen, dass alles, was ich tat oder sagte, dankbar

---

[7] Dieser „Treueid" für Jakob I. war so formuliert, dass ein Katholik damit gleichzeitig die Autorität des Papstes leugnete. Ein Teil der Katholiken verweigerte den Eid und nahm schwere Strafen auf sich, da die Weigerung als Rebellion gegen den König bewertet wurde. Ein Teil meinte, man könne den Eid trotzdem schwören, wenn man ihn nur „recht verstehe".

angenommen wurde. Nun bemühte ich mich, keine Zeit zu verlieren, da ich beobachtete, dass der Mann nicht mehr lange zu leben hatte. Ich überredete ihn, sich durch die Sterbesakramente für das andere Leben vorzubereiten. Es kamen aber nur solche Priester in das Haus, die meinten, dass der Eid [auch für Katholiken] zulässig sei. Ich sprach daher sehr gut von den Patres der Gesellschaft Jesu und drückte den Wunsch aus, er möge sie kennenlernen. Es scheint, als ob er meine Worte gut aufgenommen hätte, denn als Gott ihn in meiner Abwesenheit zu sich rief, hatte er einen Pater der Gesellschaft kommen lassen und war glücklich verschieden, bevor ich zurückkehren konnte. Ich hatte mich so sehr als möglich beeilt, als ich durch meine gnädige Frau, (an die seine Gattin dringend wegen meiner Rückkehr schrieb), von seiner Todesgefahr erfuhr. Als ich ihn tot und die Familie, Vater, Mutter, Frau und Verwandte, in tiefer Trauer fand, tröstete ich sie und ergriff die Gelegenheit, (so wie ich es auch mit dem Toten getan hatte, der, wie sie selbst sagten, so glücklich gestorben war), sie einzuladen, die Anwesenheit des Paters zu nützen, [um die Sakramente zu empfangen], was sie auch taten.

Die Dame, nun eine Witwe, bat mich dringend, zu bleiben. Da ich erkannte, dass es dort viel Gutes zu tun gab, insbesondere weil ich die Hoffnung hatte, dass noch vier weitere Hausgenossen konvertieren würden, blieb ich also und legte es dem Pater nahe, das gleiche zu tun. Er blieb, und bald darauf nahm er zuerst eine Person wieder in die Kirche auf und nicht lange danach auch die anderen. Dann kamen meine gnädige Frau, Mr. Palmer, der Benediktiner, und eine größere Gesellschaft; und sie fanden eine geschmackvoll eingerichtete Kapelle vor, die allen gut gefiel. Wie mir meine gnädige Frau erzählte, kamen der Priester und der Benediktiner auf mich zu sprechen, und beide lobten mich sehr: der Pater wünschte, es gäbe Tausend wie mich in England. Ich bekam Angst, dass sie Verdacht schöpfen könnten, wer ich wirklich war, aber die gnädige Frau versicherte mir, dass sie nicht den leisesten Verdacht hätten. Denn wenn sie einen gehabt hätten, so hätten sie mich nicht so sehr gelobt, da keiner von beiden Mary Ward und ihrer Gesellschaft wohlgesinnt ist, sondern sie sind ihr gegenüber eher feindlich eingestellt. Wir waren nicht eifriger, Seelen für Gott geneigt zu machen, als der Teufel (so wie es seine Gewohnheit ist) wieder einmal darauf bedacht war, zu verhindern, was er nur konnte. Denn unversehens kam der Richter herein, und seine Amtmänner umzingelten und durchsuchten das

Haus. Aber unser Vertrauen war in Gott, und Seine Güte hat uns beschützt: sie fanden nichts Gefährliches.

Diese Schwierigkeit ging vorüber, und meine gnädige Frau und Mr. Palmer übergaben die Dame und ihre Familie in meine Obhut. Sie sagten, dass ich ein Wunder an ihr und dem ganzen Haushalt vollbracht hätte, denn sie wären so unglaublich verändert. Ich hatte sie tatsächlich geistlich unterwiesen, sie den Katechismus gelehrt und wie man betet, sie bewogen, regelmäßig die Sakramente zu empfangen, ihre Gewohnheit, übermäßig zu trinken und zu fluchen aufzugeben, usw. Ich ließ die Schlösser reparieren und nahm die Schlüssel jede Nacht an mich und, um sie noch mehr zufrieden zu stellen, gab es keine niedrige Arbeit im Haus, die ich nicht mit aller Bereitwilligkeit getan habe. Es gefiel Gott, meine armseligen Mühen so sehr durch Erfolg zu belohnen, dass es mir schier unmöglich war, loszukommen, als ich nach sechs Wochen zu meinen armen Leuten zurückkehren wollte. Der Pater der Gesellschaft Jesu, der sie durch mich kennengelernt hatte, erzählte mir bei seinem Abschied, dass er sehr erbaut war, das viele Gute zu sehen, das aus meiner Arbeit schon entstanden war und auch für die Zukunft zu erhoffen ist. Er schien sehr getröstet, dass Gott hier so geehrt wurde, und wünschte wiederum, es gäbe mehr solche Frauen in England. Dann bot er mir für die Zukunft alle erdenkliche Unterstützung seinerseits an. Ich sah in der Tat gute Gründe für einen längeren Aufenthalt. Der wichtigste war die Bewahrung der Dame, deren Standhaftigkeit so sehr gefährdet war, dass mir ihr Seelenführer folgendes schrieb: *„Wenn all unsere Anstrengungen doch vergeblich gewesen wären, so wären sie es doch nicht für Ihn, für Den wir alles getan haben"*. Er flehte mich obendrein an, ganz bei ihr zu bleiben und meine bisherige Arbeitsstelle zu verlassen, indem er sagte, es sei genauso verdienstvoll vor Gott, wenn man jemanden vor dem Fall bewahre, wie wenn man ihn bekehre. Ich antwortete, dass dies eine unbillige Bitte sei, da ich meine armen Freunde niemals im Stich lassen würde, aber ungeachtet dessen würde ich mein Bestes geben, beiden zu helfen und sie zu trösten, so wie ich es, mit Gottes Gnade, auch bisher getan habe. Vergisst sich dieser gute Mann nicht ein wenig, wenn er mich überreden will, die Armen zu verlassen und so dasselbe zu tun, was sie [die Jesuiten] sonst so gerne unserer Mutter [Mary Ward] und den Ihren vorwerfen und sich darüber empören?

> Karte von London, 17. Jahrhundert

Mein längerer Aufenthalt gab Anlass für viel Gerede in der Stadt: die Verbesserung des Hauses und so viele, die es nun ablehnten, in die häretische Kirche zu gehen, erzürnte Nachbarn und Amtspersonen so sehr, dass sie mich vor einen Richter schleppten. Aber Gott half mir: Kaum war ich weg, als zwei Herren zum Haus kamen, um mich zu besuchen. Einer von ihnen war ein Pater der Gesellschaft Jesu, und der andere war mit dem Richter verwandt, weshalb er mir nacheilte und zu meinen Gunsten mit dem Richter sprach. Gleichwohl wurde ich sehr bedrängt, mich den Gesetzen des Königreichs zu fügen, und ich wurde mit Haft bedroht, wenn ich mich nicht unterwerfen würde. Der Richter wollte den Grund wissen, warum ich ihre Kirchen nicht besuchte. „Mein Grund ist", sagte ich, *„dass ich römisch-katholisch bin und deshalb in keine andere Kirche gehe als unsere."* „Diese Antwort ist nicht vereinbar mit den Gesetzen Gottes, des Königs und des Königreichs", erklärte der Richter. Ich antwortete, dass sie mit den Gesetzen Gottes vereinbar sei, und das würde mir genügen. *„Sind Sie ledig, verwitwet, oder eine verheiratete Frau?"* fragte er. „Ich bin unverheiratet." *„Um so besser"*, sagte er, *„denn dann hoffe ich, dass ein guter Ehemann Sie überzeugen wird, Ihre Religion zu wechseln."* Ich antwortete, er würde sich in diesem Punkt sehr irren, weil ich nicht für alles in der Welt etwas anderes sein wollte, als ich bin. Er sagte, es wäre schade, dass ich seine Religion nicht verstünde, und wenn ich unter besseren Leuten [seiner Religion] gelebt hätte, hätte ich schnell herausgefunden, dass diese die beste sei. Ich antwortete: *„In der Tat, Sir, ich habe bei verschiedenen guten Menschen gelebt, aber ich konnte nichts in ihrem Leben oder Verhalten entdecken, wodurch ich hätte erkennen können, ihre Religion sei überhaupt etwas, geschweige denn die beste."* „Nun gut", sagte der Richter, „Ich sehe, Sie sind fest entschlossen, darum wünsche ich Ihnen

als Freund, dass Sie sich zu Ihrem eigenen Besten nicht mehr bei anderen einmischen und Ihre Überzeugung für sich behalten. Ich wurde informiert und sehr gedrängt, gegen Sie vorzugehen. Man sagt, dass Sie nur deswegen bei dieser Dame leben, damit sie eine Papistin[8] bleibt, und dass Sie in der kurzen Zeit Ihres Aufenthaltes viele Menschen überredet haben, sich von der Religion des Königs abzuwenden. Wenn Sie so weitermachen, wie Sie begonnen haben, fürchtet unser Pastor, alle seine Schafe zu verlieren." Dann fragte er, ob ich das Dienstmädchen oder eine Gesellschafterin der Dame sei. Ich antwortete: *„Ich bin nicht ihr Dienstmädchen, aber ich übernehme die Rolle eines Dienstmädchens."* „Wirklich", sagte er, *„Ehre wem Ehre gebührt! Ich habe viel Gutes über Ihre Wohltätigkeit ihr gegenüber gehört, und das hat mir sehr gefallen. Ich halte Werke der Nächstenliebe für notwendig, um gerettet zu werden. Aber ungeachtet dessen - da Sie soviel tun, fragen sich andere, welchen Zweck Sie damit verfolgen. Deshalb rate ich Ihnen nochmals als Freund, Ihre Ansichten nicht mit anderen zu teilen; und um des Herren willen, der sich für Sie eingesetzt hat, tue ich mehr für Sie, als ich eigentlich rechtfertigen kann."* Und so entließ er mich. Die Dame und ihre Familie waren hocherfreut über meine Rückkehr und sehr in ihrem Glauben bestärkt, da sie sahen, wie Gott mich beschützt hatte. Ich aber ging, den Befehl oder die Bitte des Richters wenig beachtend, sofort zu einer armen, kranken Frau in der Stadt und überzeugte sie, Katholikin zu werden und ihre Seele zu retten. Da ich sie sehr offen und bereit fand, besorgte ich für sie ein Zimmer im Haus der Dame, sodass ich ihre Seele besser für die Ewigkeit vorbereiten konnte.

Am 10. Oktober begleitete ich die Dame zum Haus meiner gnädigen Frau, um von dort in Begleitung vieler anderer nach London zu reisen. Wir blieben zwei Tage bei meiner gnädigen Frau, und mit einigen Schwierigkeiten fand ich in dieser Zeit einen Priester, der bereit war, meinen armen Freunden an meinem ersten Wirkungsort zu helfen. Als ich dann in Begleitung meiner gnädigen Frau mit vielen anderen - sowohl Priestern als auch katholischen Laien - nach London reiste, hatte ich große Angst, dass meine wahre Identität entdeckt werden könnte. Bis jetzt hatte niemand den geringsten Verdacht geschöpft, und ich hatte allen Grund, mich weiter zu verbergen. Denn solange ich unerkannt bleibe, habe ich keine Feinde außer den Häretikern, die ich überhaupt nicht fürchte; aber würde

---

[8] Abfällige Bezeichnung für die Katholiken

ich erkannt, so warnte mich meine gnädige Frau, müsste ich unter den Priestern und Katholiken genauso viele Feinde erwarten, wie ich heute Freunde habe. Während ich in London weilte, bin ich überraschenderweise vielen nicht begegnet, die mich hätten kennen müssen, und andere, die mich früher sogar sehr gut kannten, sahen mich und sprachen mit mir, aber erkannten mich doch nicht. Das fiel meiner gnädigen Frau besonders auf, und sie meinte, dies sei nur durch die Göttliche Vorsehung möglich gewesen. Bei meiner Rückkehr aufs Land, unterwegs zum Haus der Dame, besuchte ich wieder meine Armen. Ich stellte dabei fest, dass sie nie irgendeine Hilfe für ihre Seelen gehabt hatten außer durch mich. Also ging ich acht Meilen weit, um für sie einen Priester zu finden und auch für eine andere Dame von hoher Geburt, die seit sechs oder sogar acht Jahren keine Sakramente empfangen hatte, weil sie mit einem Ketzer verheiratet war, der sie sehr schlecht behandelte. Diese Dame erbat auf meinen Wunsch von ihrem Mann ein Stück Land, damit einer meiner Freunde dort ein Haus bauen könnte, das nach meiner Absicht den Armen zum Trost eine Kapelle und ein Zimmer für einen Priester haben sollte.

Am 24. Dezember begleitete ich die Dame zum Haus meiner gnädigen Frau, um Weihnachten zu feiern. Am Anfang ruhten so viele Augen auf mir, wie Personen im Haus waren, aber mit Gottes Hilfe konnte ich mich allen so anpassen, dass sie mich gern zu haben schienen. Da war auch die Tochter eines Ritters, eine Fremde, die Zuneigung zu mir fasste. Ich brachte sie in kurzer Zeit dazu, dass sie die katholische Religion lieb gewann, und auch zwei andere im Haus meiner gnädigen Frau konnte ich auf eine Rückkehr in den Schoß der Kirche vorbereiten. Mit einem von ihnen konnte keiner im Haus umgehen, bis ich mich seiner annahm.

Mr. Palmer, ein Benediktiner, schätzte meine Mühen um die Bekehrung von Seelen und bei der Unterweisung der Unwissenden so sehr, dass er sich sehr wünschte, dass Mrs. Arrendall und andere Ähnliches tun sollten. Meine gnädige Frau und ich überlegten, wie wir am besten vorgehen sollten; und wir kamen zu dem Schluss, dass es zu Gottes Ehre sein würde, wenn Mrs. Arrendall und andere versuchten, was sie in dieser Hinsicht tun könnten, und ich sollte ihnen meine Dienste dazu anbieten, was ich auch tat. Gott bescherte uns zwei schöne Tage, während ich im Haus meiner gnädigen Frau weilte, und so begleitete ich Mrs. Arrendall und andere zu den Häusern der armen Leute. Sie wollten, dass ich zu ihnen sprach,

was ich auch tat, und Gott gewährte uns ein gutes Gelingen, denn sie entschlossen sich, katholisch zu werden. Da ich nicht bleiben konnte, bis sie wieder in die Kirche aufgenommen waren, empfahl ich ihnen Mrs. Arrendall für die weitere geistliche Unterweisung. Aber als mich Mr. Palmer fragte, was ich getan hätte, antwortete ich, dass die Armen sich nach dem Heil sehnten, schrieb aber alles Mrs. Arrendall zu und erklärte, dass sie noch weitere Belehrungen bräuchten und ich keinen Zweifel hätte, dass Mrs. Arrendall das zu Ende führen würde, was sie so glücklich begonnen hätte usw. Am nächsten Tag reiste ich ab und verbrachte sechs Wochen bei meiner Dame mit denselben Diensten, die ich bereits vorher geschildert habe. Als ich am 18. Februar in das Haus meiner gnädigen Frau zurückkam, erzählte mir Mrs. Arrendall, dass die armen Leute seit meiner Abreise nicht mehr zu ihr gekommen seien und sie fürchte, dass sie nicht standhaft geblieben seien. Sie bat mich, zu ihnen zu gehen, was ich tat, und ich fand sie so wohlgesinnt, wie ich es mir nur wünschen konnte, und voll Sehnsucht, mit der Kirche versöhnt zu werden. Sie nannten mir gute Gründe, warum sie nicht zu Mrs. Arrendall gegangen waren, aber meine gnädige Frau sagt, Gott wollte, dass man sieht, wen Er als Sein Werkzeug bei diesem Werk benutzt hat. Zwei weitere Menschen wurden in dieser Zeit im Haus meiner gnädigen Frau mit meiner Hilfe zurück gewonnen; und von dem einen sagt man, dass er so verstockt gewesen sei, dass alle die Hoffnung schon aufgegeben hätten.

Mr. Palmer, der Benediktiner, und andere, die sehr zufrieden mit meiner Lebensweise waren und mit dem Erfolg, den Gott meinen armseligen Bemühungen geschenkt hat, sprachen öfter über unsere Mutter und unsere Gesellschaft. Sie sagten, sie würden gerne sehen, wie Mary Ward einige ihrer Schwestern aussendet, so zu leben und zu arbeiten wie ich, dann würden sie sie sehr wohl schätzen usw. Aber diese würden nur zu ihrem eigenen Nutzen in großen Häusern leben und um durch ihren Einfluss die Gesellschaft [Jesu] dorthin zu locken. Andere sagten, es wäre unpassend, wenn Ordensfrauen außerhalb des Klosters lebten, denn Zurückgezogenheit und innere Sammlung wären für sie am angemessensten, weshalb unser Heiland die hl. Maria Magdalena[9] gelobt hätte, indem er sagte, sie hätte den besten Teil erwählt, der ihr nicht genommen werden würde. Meine gnädige Frau antwortete Mr. Palmer zuerst und sagte: „Sie sehen doch, was N.N. tut, und Sie zollen ihr und ihren Bemühungen Anerkennung (wie sie es in der Tat wahrlich verdienen). Wenn dies also an ihr so lobenswert ist, wie Sie alle sagen, dann wundere ich mich sehr, wie Ihnen Mrs. Ward und ihre Gesellschaft so sehr missfallen können. Es scheint mir, dass Sie Menschen verurteilen, die Sie nicht kennen, (obwohl das für jemanden in ihrem Amt so völlig unpassend ist, dass ich denken könnte, meine Befürchtungen sind gänzlich fehl am Platz). Denn Sie können mir glauben, ich kenne Mrs. Ward und andere von den Ihrigen so, wie Sie diese hier Anwesende [Sr. Dorothea] kennen, und ich könnte so viel über die Erfolge jener an anderen Orten berichten, sowohl bei armen als auch bei reichen Familien, wie über die, welche Sie hier täglich vor Augen haben. Und wenn ich Ihnen alles sagen könnte, was ich über jene weiß, - wie viele Menschen - und auch Personen hohen Ranges - durch sie bekehrt wurden und welche anderen Verbesserungen und Ähnliches sie erreicht haben, dann würden Sie, das bezweifle ich nicht, anerkennen, dass diese Werke gleichwertig, ja noch weit zahlreicher und besser sind als die, welche Sie hier sehen und mit denen Sie so zufrieden sind. Deshalb verurteilen Sie diejenigen nicht, die Sie, so wie ich annehme, nicht kennen. Denn neben dem, was ich selbst über sie weiß, habe ich von verschiedenen gebildeten, würdigen und tugendhaften Männern - und zwar von solchen, die sie sehr wohl gut gekannt haben - sagen hören, dass ohne Zweifel der Geist Gottes in hohem Maße mit ihnen ist. Sonst wäre es ihnen nicht möglich gewesen, auf so verschiedene Weisen und an so vielen Orten so viel Gutes zur Ehre Gottes zu tun, wie sie es überall, wo sie lebten, getan haben, und noch dazu auf eine Art, - wie ich Personen mit gutem Urteilsvermögen versichern hörte, - die ganz außergewöhnlich ist. Dass sie Frauen des Gebetes sind und ein strenges und vorbildliches Leben führen, kann nur denen unbekannt sein, die sie nicht kennen. Wenn man dies zugibt, und die Wahrheit wird sich letztendlich herausstellen, sehe ich nicht ein, warum diese Frauen nicht eben so gut zur Ehre Gottes in der Welt leben sollten, um für die Bekehrung der Seelen zu wirken, wie bestimmte (von Ihnen so hoch gelobte) Frauen, die aber, wenn sie einzeln sind und auf sich allein gestellt, nicht so gute Hilfsmittel haben können, zumindest nicht für die eigene Vervollkommnung, wie diese anderen. Diese nämlich gehören zu einer Gemeinschaft und werden im Gehorsam ausgesandt, und zwar nach einer langjährigen Einführung in die

---

[9] Maria von Bethanien und Maria von Magdala wurden im Mittelalter sehr häufig als eine Person gesehen

Selbstverleugnung und die festen Tugenden und wohl gegründet in der Demut. Und auch wenn es stimmt, dass unser Heiland uns das kontemplative Leben durch die hl. Maria Magdalena anempfiehlt, so hat Er doch eine gemischte Lebensweise weder verboten noch missbilligt. Ich habe gehört, dass verschiedene Menschen von guter Urteilskraft es empfehlen, wenn nicht vorziehen, wenn (wie bei diesen Damen) Kontemplation mit Aktion verbunden wird."

Ein anderes Mal kam ein Priester zu meiner gnädigen Frau, der gerade in die Gesellschaft Jesu eintreten wollte; er sprach bitter über unsere Mutter und ihre Gesellschaft und nannte sie „berüchtigte Klatschbasen" und Ähnliches. Meine gnädige Frau erzählte mir, dass sie davon nicht erbaut war und es sich nicht verkneifen konnte, ihm ihre Meinung dazu mitzuteilen und was sie von ihnen wusste, wie ich vorher erzählt habe. Sie verteidigt nach wie vor unsere Mutter und unsere Gesellschaft. Für mich selbst brauche ich keine solche Verteidigung, denn solange ich nicht verdächtigt werde, eine der Euren zu sein, bin ich sehr beliebt und alles, was ich tue, wird hoch anerkannt. Meine gnädige Frau sagt, sie merkt, wie sehr Gott in der Entwicklung [unserer Gesellschaft] wirkt; und sie versichert mir, dass wir sehr gesegnet sind und unsere Anstrengungen Gott ohne Zweifel sehr wohlgefällig, da Er sogar die, die uns nicht lieben, dazu bringt, uns zu lieben und zu loben, ohne dass sie es wissen. Manchmal macht es meiner gnädigen Frau Spaß, zu sehen, wie sehr sie befürchten, sie könnte mich dazu überreden, zu werden, was sie weiß, dass ich schon bin. Und um mir solche Ideen auszureden, erzählen sie mir befremdliche Dinge über unsere Mutter und die anderen. Sie erzählen, sie sei nach Rom gegangen, um die Anerkennung zu erlangen; aber diese werde niemals gewährt ohne die klösterliche Klausur, und ohne [päpstliche] Anerkennung ist es kein Orden. Ich sage wenig dazu, aber ich sehe viel. Am 2. April 1622 argumentierte Mr. Palmer schon wieder gegen unsere Gesellschaft und fragte mich scherzhaft, ob ich auch eine „Renn-Nonne" oder eine „Wanderpredigerin" usw. sein möchte. Ich antwortete, dass ich mit meinem gegenwärtigen Stand zufrieden sei. In der Tat, sagte er, das könne ich auch sein, denn ich hätte mehr Gutes getan als irgendeine von ihnen; aber er würde mich noch viel mehr lieben, wenn ich meinem Seelenführer die Gelübde des Gehorsams und der Keuschheit ablegen würde."

WINEFRID UND FRANCES BEDINGFIELD

Die Schwestern Winefrid und Frances Bedingfield gehören zur zweiten Generation von Mary Wards Gefährtinnen. Beide wurden schon in Schulen des Instituts erzogen, in das sie später eintraten. Mary Ward erkannte ihre Fähigkeiten früh: Winefrid wurde mit 25 Jahren zur Oberin in München ernannt und bewahrte das Haus nach dem Verbot im Jahr 1631 vor der Schließung. Frances wurde von Mary in die Römische Kommunität berufen und gehörte zu denen, die in den letzten Jahren in England bei ihr waren. Nach Marys Tod setzte Frances ab 1667 die Arbeit in England fort und gründete die Häuser in Hammersmith und York.

Winefrid und Frances Bedingfield gehörten nicht zur ersten Gruppe von Marys Gefährtinnen. Sie folgten jedoch den Gründungsmitgliedern in so knappem Abstand, spielten bei der Weiterentwicklung des Instituts eine so bedeutende Rolle und haben solch einen Anspruch auf unsere Aufmerksamkeit, dass ihnen ein ausführliches Portrait gebührt. Sie sind deshalb hier einbezogen, um die zweite Generation von Mary Wards Gefährtinnen zu repräsentieren.

Viele Mitglieder der Familie Bedingfield hatten dem König und dem Staat mit Auszeichnung gedient, und Oxburgh Hall, zinnenbewehrt und von Wassergräben umgeben im Weideland von Norfolk gelegen, ist Zeuge für den Lohn, den sie dafür erhalten hatten.

Francis, der Vater von Winefrid und Frances, war ein jüngerer Sohn und lebte nicht in Oxburgh, sondern auf einem anderen Landgut in Redlingfield, Suffolk. Im Jahr 1603 war er kurz davor, Catherine, die Tochter von John Fortescue zu heiraten, als seine Verlobte völlig unerwartet ihrem Vater eröffnete, dass sie nicht heiraten wolle, sondern sich wünsche, ins Kloster zu gehen. Ihr Vater antwortete geduldig, dass ihre Mitgift bereits bezahlt und alle Vorbereitungen für die Hochzeit ebenfalls getroffen seien, und dass sie ihr gegebenes Eheversprechen halten müsse. Sie gehorchte, heiratete Francis Bedingfield und zog in sein Haus in Redlingfield. Der Besitz war ein früheres Benediktinerkloster, und so wurde die junge Braut täglich an ihre verlorene Berufung erinnert, wenn ihr Blick auf die Klosterruinen fiel. Im Laufe der Zeit jedoch wurde ihre Berufung in ihren Kindern reichlich erfüllt, denn sie hatte elf Töchter; von denen zehn sich für ein Ordensleben entschieden und die elfte als Witwe ebenfalls Nonne wurde. Die älteren, schon etablierten Orden zogen die meisten der jungen Berufungen an, aber Winefrid, Frances und Mary fühlten sich stärker zu Mary Wards Lebensform hingezogen.

WINEFRID BEDINGFIELD
1610 – 1666

Winefrid, geboren im Jahr 1610 in Redlingfield, wurde im Institut in Flandern erzogen und dort vom apostolischen Enthusiasmus der jugendlichen Ordensfrauen angesteckt. 1624 oder 1625 trat sie ins Noviziat ein. Als Mary Ward 1627 verzweifelt aus München schrieb und dringend um neue Mitglieder zum Aufbau der dortigen Kommunität und Schule bat, war Winefrid noch ein ganz unerprobtes Ordensmitglied. Trotzdem war sie eine aus der Gruppe, die unter Barbara Babthorpes Führung nach Bayern reiste. Der Tag ihrer Ankunft in München sollte ein Glückstag für das Paradeiserhaus werden, und in der Tat auch für das ganze Institut. Mittlerweile war mit Mary Poyntz als Oberin eine Kommunität errichtet worden, und diese Gruppe unerfahrener junger Frauen, die fast kein Wort Deutsch konnten, begann ohne Verzögerung mit der Errichtung einer Mädchenschule. Schülerinnen strömten durch die offenen Türen, harte Arbeit und Begeisterung glichen manch akademische Mängel aus, die Schule konnte als Erfolg bezeichnet werden und das Vertrauen des Kurfürsten war gewonnen. Solch ein Zustand war zu gut, um lange zu dauern, und das Schicksal wollte offenbar nicht, dass es so blieb. Politische und kirchliche Stürme brauten sich am Horizont zusammen und brachen bald aus. Im Januar 1631 wurde die päpstliche Bulle zur Aufhebung des Instituts erlassen, im Februar wurde Mary Ward verhaftet, und am 14. März unterzeichneten alle Mitglieder des Paradeiserhauses eine Erklärung ihres Gehorsams gegenüber dem Papst. Die Schule wurde geschlossen, die Schülerinnen entlassen, und nur einer kleinen Anzahl von Gefährtinnen wurde erlaubt, im Haus zu bleiben – aber nun als Laien. Draußen in der Welt tobte der Dreißigjährige Krieg, und München blieb von seinen

---

[10] Die Pest forderte damals viele Opfer in München, und zumindest eine der Schwestern, Katharina Köchin, starb daran.

verheerenden Auswirkungen auch nicht verschont. Als Gustav Adolf und seine schwedische Armee die Stadt 1632 angriffen und besetzten, erlebte die Kommunität all die bitteren Folgen des Krieges wie Hungersnot, Pest und Isolation. Eine weniger vorausschauende Leiterin hätte sich vielleicht von der noch vergleichsweise neuen Gründung zurückgezogen, aber Mary Ward betrachtete das Paradeiserhaus als eine Schlüsselposition und beschwor die Gefährtinnen, dieses in jedem Fall zu halten, auch als sie Mary Poyntz im Juli 1635 nach Rom abberief und Winefrid Bedingfield die Verantwortung für die Hausgemeinschaft übertrug. Der verschlüsselte Brief der Ernennung wurde sehr in Ehren gehalten und wie ein Schatz gehütet:

„Meine liebe Win,
Jetzt habe ich mehr denn je einen Grund, Ihre Liebe und Treue zu Gott, Ihrer Mitschwester [Mary Poyntz] und zu mir zu erfahren. Tun Sie daher in ihrer Abwesenheit alles so, wie sie und Sie selbst es bisher getan haben, und wie es am besten ist…Lassen Sie mich oft von Ihnen hören…"

Mary Ward war sich der heiklen Situation und der Unerfahrenheit der jungen Oberin vollkommen bewusst, und so hielt sie Winefrid mit einer Serie von Briefen auf dem Laufenden. Sie enthalten Anweisungen, mit dem Kurfürsten und seiner Gattin gute Beziehungen zu pflegen und den Schein eines voll mit Personal besetzten Hauses aufrechtzuerhalten. Einige sind so verschlüsselt, dass sie heute schwierig zu verstehen sind. Aber nicht einmal die verstrichenen Jahrhunderte können den Eindruck zerstören, den die vertraulicheren Abschnitte auf den Leser von heute machen. Adressiert an die *„Liebste Win"*, überliefern sie bewegend all die Zuneigung und Besorgnis, die Mary Ward für ihre junge, weit entfernte, Gefährtin empfand:

„Seien Sie äußerst vorsichtig mit Ihrer Gesundheit, und wenn alle sterben sollten[10], (aber ich vertraue auf Gottes Barmherzigkeit, dass niemand sterben wird), so versuchen doch Sie am Leben zu bleiben, und bereiten Sie sich darauf vor, Ihm mit überströmender Liebe und großer Vollkommenheit zu dienen…"

Und an anderer Stelle:

„Sie bestätigte das Urteil des Kurfürsten über sie, er hätte sie zu seinem Finanzminister gemacht, wenn sie nur ein Mann wäre."

> „Um Jesu willen, ziehen Sie Ihre Sicherheit und die der Ihren allem vor, wozu Sie nicht im Gewissen verpflichtet sind…"

Und nochmals:

> „Ich kann Ihnen nicht sagen, wie viel Freude und wahre Zufriedenheit es mir bedeutet, von Ihnen zu erfahren, wie sehr (unkenntlich gemachtes Wort) mit Ihnen ist, und durch sein Gespräch, was er von seiner teuren und so verdienstvollen Gefährtin hält…Ich fürchte, Sie zu sehr zu lieben, wenn Sie weiterhin solche Fortschritte machen, wie ich wahrlich denke, dass es sein wird."

Und ein kurzes, warmes: *„Viel Glück für Sie, Liebste!"*

Als die schwedische Armee schließlich abzog, hinterließ sie München wirtschaftlich ruiniert und die Bewohner des Paradeiserhauses hoch verschuldet und ohne Arbeit. Eine Fernsteuerung vom weit entfernen Rom aus war nicht ausreichend, und so schien alles von Winefrid abzuhängen. Als erstes nutzte sie all ihr diplomatisches Geschick, um die Genehmigung des Kurfürsten zur Wiedereröffnung der Schule zu erlangen. Hin- und hergerissen zwischen seiner Wertschätzung für die Englischen Fräulein und seiner Treue gegenüber dem Papst, hatte er auf eine ähnliche Bitte, die Mary Poyntz vorher einreichte, nicht geantwortet. Aber jetzt, nach sorgfältiger Überlegung, erteilte er 1635 die Genehmigung, vorausgesetzt, es würde nichts im Widerspruch zur päpstlichen Bulle getan. So durften die Tore wieder geöffnet werden, die Gefährtinnen erklärten, keine Ordensfrauen zu sein,

> *Paradeiserhaus, 17. Jahrhundert*

> *Paradeiserhaus, 18. Jahrhundert*

und der mühevolle Prozess des Wiederaufbaus des Instituts begann. Die Zahl der englischen Lehrerinnen, die auf zwei zurückgegangen war, wurde nach und nach vergrößert, und die Schule gewann ihre Beliebtheit zurück. Durch ein kluges Haushalten mit ihren Mitteln konnte Winefrid das Haus von seinen Schulden befreien, und sie bestätigte damit das Urteil des Kurfürsten über sie, er hätte sie zu seinem Finanzminister gemacht, wenn sie nur ein Mann wäre.

Winefrid machte im Mai 1645 einen noch bedeutsameren Schritt, als sie nach dem Amtsantritt von Giovanni Pamphili als Papst Innozenz X. zwei neue Mitglieder in die Kommunität aufnahm. Diesem vorsichtigen Beginn folgte bald die Aufnahme einer Gruppe junger Frauen aus der Englischen Schule in Paris, welche beim weiteren Aufbau des Instituts noch eine wichtige Rolle spielen sollten.

Auf diese Weise war das Paradeiserhaus gerettet und mit ihm, wie einige sagen würden, auch Mary Wards Institut. Alle Spuren des Hauses wurden im II. Weltkrieg zerstört, aber zwei Illustrationen erzählen beredsam von seiner Geschichte. Die erste ist ein kleiner Holzschnitt, der das ursprüngliche Haus zeigt. Es ist drei Stockwerke hoch, aber sehr eng

gebaut, nicht gerade geräumig für ein Internat. Die zweite ist ein Kupferstich aus dem 18. Jahrhundert, der das Haus in seiner Blüte zeigt, ein Jahrhundert nach Winefrids Tod: ein eindrucksvolles Gebäude von gigantischen Ausmaßen, das Generalat eines großen und rasch wachsenden Institutes.

Viele bedeutende Persönlichkeiten haben das Paradeiserhaus im Laufe seiner Geschichte besucht, aber nur Catherine Chambers zollte Winefrid Bedingfield den gebührenden Tribut. Nachdem sie von ihrem *„scharfen, klaren Verstand und gesunden Urteil, ihrem Urteilsvermögen, ihrer Energie und ihrer Klugheit beim Handeln"* gesprochen hat, fährt sie fort: „Ihr Führungsstil war bewundernswert, und die Schule wuchs unter ihrer Leitung."

Winefrid hinterließ kein geistliches Testament, aber es ist bewegend, in einer alten Chronik zu lesen, dass diese praktische Geschäftsfrau *„eine innige Andacht zu den Leiden Christi"* hatte. Ihr treuer Dienst für Gott und ihr unerschütterliches Vertrauen in Ihn bestätigen das knappe Urteil eines alten französischen Nekrologs, dass *„ihr geistliches Leben ihren natürlichen Fähigkeiten gleichkam"*, und es wurde sogar gesagt, dass dieses spirituelle Leben so tief war, dass sie *„an der Liebe zu Gott starb"*.

Nach einem Leben des selbstlosen Dienens starb sie im Jahr 1666 und wurde in der Krypta des Hauses beigesetzt, welches für 40 Jahre ihr Heim gewesen war, aber ihre Gebeine liegen jetzt in der Gruft der Karmeliten-Kirche. Ihre letzte Ruhestätte ist nicht gekennzeichnet, aber Verehrung und Dankbarkeit können dauerhafter sein als jedes steinerne Denkmal.

FRANCES BEDINGFIELD
1616 - 1704

Das Portrait von Frances Bedingfield hängt im Großen Sprechzimmer des Bar Convents in York. Der Maler hat ihre Persönlichkeit gut getroffen, und sie schaut uns aus dem Rahmen robust, scharfsinnig und humorvoll an, mit einem guten Maß an Selbstvertrauen und einem Hauch von Herausforderung. All diese Qualitäten werden wir im Weiteren kennenlernen, wenn wir uns das Leben dieser außergewöhnlichen Frau in Erinnerung rufen.

Frances war eine jüngere Schwester von Winefrid Bedingfield und wurde 1616 auf dem Familiensitz Redlingfield in Suffolk geboren. Die Umstände ihres Lebens schienen sie für ein Ordensleben zu prädestinieren, denn ihre Mutter hatte sich immer danach gesehnt, in ein Kloster einzutreten. Sie selbst war buchstäblich in den Ruinen eines Benediktinerklosters aufgewachsen und die meisten ihrer älteren Schwestern waren bereits im Kloster oder gerade dabei, zwischen einem Leben als Arme Klarisse, Karmeliterin, Benediktinerin oder Augustinerin ihre Wahl zu treffen. Aber die konventionellen Orden machten auf Frances keinen Eindruck. Wie ihre Schwestern Winefrid und Mary hatte sie sich von der Begeisterung und dem Abenteuergeist der Gefährtinnen Mary Wards inspirieren lassen. Sie hat ihre Erziehung wahrscheinlich in Lüttich begonnen und wurde in den schwierigen Tagen des Jahres 1630 mit anderen englischen Mädchen nach München versetzt, wo Winefrid bereits Schulleiterin des Paradeiserhauses war. Sie trat dort im Juni desselben Jahres ins Noviziat ein. Das war ein mutiger, fast tollkühner Schritt, da die „Jesuitinnen" bereits unter päpstlicher Missbilligung standen, ein Verbot unmittelbar bevorstand und es keine sichere Zukunft für Mary Wards Unternehmung gab. Davon nicht abgeschreckt, reiste Frances zu Mary nach Rom und legte ihre Profess am 8. September 1633 in der Basilika von Santa Maria Maggiore ab. Sie war eine vorbildliche junge Ordensfrau, die hohes Lob von Mary Ward erhielt, welche an

Winefrid schrieb: *„Ihrer Schwester geht es gut, und sie verhält sich in allen Dingen so gut, wie ich es mir nur wünschen kann."*

Als Mary 1639 nach England zurückkehrte, stieß Frances in London zu ihr und hatte das Privileg, an Mary Wards Sterbebett zu sein. Sie blieb mit den anderen Gefährtinnen bis 1650 in Heworth, bis sie alle nach Paris weiterzogen. Aber es war dann München, von wo aus sie das nächste Mal nach London - als Leiterin einer sorgfältig ausgewählten Gruppe, die Mary Portington, Isabella Layton und Christina Hastings umfasste - entsandt wurde. Ausgestattet mit dem Auftrag, in England eine dauerhafte Gründung zu bewerkstelligen, und optimistisch in ihre Ordenstracht gekleidet, erreichten sie 1667 London. Eine alte Chronik beginnt mit den traurigen Worten: *„Für eine lange Reihe von Jahren waren Leiden und Verfolgung das Los der ersten Mitglieder unseres Instituts, die sich in der Regierungszeit Karls II. von Deutschland nach England wagten."* Ganz sicher hatten sie einen schlechten Start, da die Gruppe, durch ihre Tracht schnell als ‚Papistinnen' erkannt, verhaftet und als verdächtige Personen vor die Londoner Behörden gebracht wurde. Aber gründliche Verhöre bestätigten den Verdacht nicht, und das Gericht erklärte sich überrascht von der *„Klugheit und Festigkeit"* von Frances' Antworten. Die Gefährtinnen wurden auf freien Fuß gesetzt, mit der Warnung, dass ihnen nicht erlaubt sei *„einen Priester zu halten"* oder *„junge Leute zu erziehen"*. Sie versprachen nichts, da sie beabsichtigten, beide gerichtlichen Verfügungen zu missachten, aber ein kluges Zugeständnis wurde gemacht, indem sie ihre Ordenstracht gegen *„matronenhafte Kleider"* vertauschten. Obgleich schlecht ausgerüstet, sich der Regierung zu widersetzen, mieteten die Mitglieder ein Haus in der St. Martin's Lane und eröffneten dort eine Schule. Es gab keinen Mangel an Schülerinnen, aber auch Spione gab es überall, und binnen kurzem musste Frances nach einem sichereren Ort suchen. Sie wandte sich nach Hammersmith, zu dieser Zeit ein Dorf auf dem Land, etwa vier Meilen außerhalb der Stadt, und es mag Königin Katherina von Braganza gewesen sein, die ihr riet, das ‚Große Haus', gleich neben dem Landsitz der Königin zu wählen. Eine Schule wurde errichtet, allen Widrigkeiten zum Trotz. Ihre fast unglaubliche Geschichte wird in einem Brief von Dorothy Paston Bedingfield, Frances' Großnichte, erzählt:

„Ihrer Schwester geht es gut, und sie verhält sich in allen Dingen so gut, wie ich es mir nur wünschen kann."

„Sie und ihre Gefährtinnen hatten nicht eine Krone, um die Arbeit zu beginnen, und wenig Bekannte, an die sie sich um Geld wenden konnten. Trotzdem ging sie nach Hammersmith und schaute sich das jetzige Haus dort an, für das eine hohe Miete verlangt wurde, die sie jedoch akzeptierte. Der Eigentümer schaute sie etwas misstrauisch an, und sie dachte schon, er hätte wegen ihrer ärmlichen Bekleidung und weil er sie nicht kannte, Zweifel an ihrer Zahlungsfähigkeit. Aber er sagte, er würde ihr trauen, weil sie eine Bedingfield sei, um des Andenkens ihres Verwandten, Corronel Bedingfield, willen. Dieser wäre ein so würdiger und ehrenwerter Gentleman gewesen und wäre doch erst vor kurzem dort verstorben. So zog sie dort ein, ohne Möbel oder Geld für lebensnotwendige Dinge, und sie schliefen eine Zeitlang auf Stroh. Aber sobald die ersten Familien aus London ihre Töchter anmeldeten und sie Kredit bekam, sodass sie das Haus ein wenig für deren gastliche Aufnahme einrichten konnten, gerade dann, als sie sich einigermaßen eingelebt hatten, erschien der Eigentümer und forderte sie auf, entweder das Haus zu kaufen oder es zu verlassen, da er gezwungen sei, zu verkaufen. Die Göttliche Vorsehung, die sie nie verließ, gab ihr ein, sich an Mr. Poulton, einen Geistlichen und guten Freund zu wenden. Sie sandte Isabel Layton mit einer Bittschrift zu ihm, ihr nicht weniger als 300 Pfund zu leihen. Worauf der gute Herr, der sehr krank im Bett lag, aufstand und ihr die Summe übergab, ohne eine Antwort und ohne auch nur eine Quittung dafür zu verlangen."

Aber es gab auch freie Zeit für das Studium, und wir lesen, dass der Jesuit Pater Pracid die Schwestern im Globus - Raum des Konvents in Latein, Griechisch und Hebräisch unterrichtete. Eine Kopie von Bellarmins Hebräischer Grammatik steht noch heute in den Bücherregalen des Bar Convents. Sie stammt aus dem Jahr 1616 und muss Frances Bedingfield oder Cecily Cornwallis gehört haben. Auf diese Weise blühte die Schule für fast ein Jahrhundert, gegründet auf Frances' praktischer Leitung und der harten Arbeit der Kommunität und berühmt als ein Zentrum ungewöhnlicher Gelehrsamkeit - und möglicherweise unterstützt durch das soziale Prestige von Cecily Cornwallis' Verbindung zum Hof der Königin Anne.

Wir wissen nicht, wie Sir Thomas Gascoigne mit Frances Bedingfield bekannt wurde, aber er hatte große Achtung vor ihr,

---

[11] Titus Oates hatte 1678 - 1681 eine regelrechte Verfolgung ausgelöst und eine schwere innenpolitische Krise verursacht, indem er prominente Katholiken eines Mordkomplotts gegen den König bezichtigte. Seine Intrigen wurden schließlich durchschaut, aber nicht, bevor mehrere Unschuldige hingerichtet worden waren.

> *Druck aus dem 17. Jahrhundert: York mit dem Bar Convent*

und sein Ausspruch: *„Wir müssen eine Schule für unsere Töchter haben"* wird verknüpft mit seinen Versuchen, sie zu überreden, solch eine Schule zu gründen. Zuerst lehnte sie ab mit der Erklärung, dass sie der Schule und Kommunität in Hammersmith zu sehr verpflichtet sei. Aber nachdem sich die Unruhe wegen der Titus Oates Verschwörung[11] gelegt hatte, war sie zuversichtlich, dass Cecily Cornwallis die Leitung der Kommunität in Hammersmith überlassen werden konnte. In einem wunderschön geschriebenen Brief brachte Sir Thomas seinen Wunsch nach drei neuen Schulen zum Ausdruck und bot 450 Pfund für ihren Kauf und ihren Unterhalt an.

Frances brach 1685 oder Anfang 1686 in den Norden auf und wohnte wahrscheinlich im Stadthaus der Thwings in Castlegate (York), während sie auf die Suche nach geeigneten Häusern ging. Ihre Wahl fiel auf einen Besitz außerhalb von Micklegate Bar (eines Stadttores von York), der von dem Lokalhistoriker Francis Drake im Jahr 1736 beschrieben wurde: *„Es gibt einige bemerkenswert gute Häuser außerhalb des Tores, darunter ist ein großes, altes Ziegelgebäude das beste."* Er behauptet nicht gerade, dass es sich um ein *„Nonnenkloster"* handelt, sagt aber, dass es eine Schule für

> Micklegate Bar (Stadttor) York

„katholische Mädchen" sei und dass *„der Garten und die schönen Wege in der Umgebung"* es *„sehr geeignet für diesen Zweck"* erscheinen ließen.

Mit der Wahl des Besitzes und der Vereinbarung des Kaufpreises beginnt die Geschichte des Bar Convents. Wir müssen uns dazu das Bild einer älteren Frau ausmalen, gekleidet in ein „schiefergraues Kleid und Haube", die unter dem Decknamen Frances Long (natürlich niemand anderes als Frances Bedingfield), den Kaufvertrag unterzeichnet für einen Besitz an der Stelle, wo heute der Bar Convent steht. Es ist November 1686, gerade 150 Jahre seitdem die Kommissare Heinrichs VIII. das Benediktinerinnen-Kloster von Clementhorpe am unteren Ende der Nunnery Lane auflösten. Nun kehrt das Ordensleben ans andere Ende der Gasse zurück. Aber es ist eine völlig andere Form des Ordenslebens. Die Benediktinerinnen trugen ihre Tracht, läuteten die Glocke ihrer Kapelle und sangen das Chorgebet, alles in voller Öffentlichkeit. Mary Wards Gefährtinnen aber mussten ihre Identität verbergen und ihre Kapelle geheim halten; sie trugen keine Ordenstracht, läuteten keine Glocken und benutzten keine Titel der Ordenshierarchie. Aber sie waren gekommen, zu bleiben, ihrer apostolischen Berufung zu folgen und ein Zeichen für die gesamte katholische Kirche zu setzen.

Die kleine Kommunität zog in ihr neues Heim ein. Unter Frances Bedingfield als Oberin scheinen folgende Gefährtinnen dazu gehört zu haben: Dorothy Paston Bedingfield (Frances' Großnichte), Christina Hastings (die in Castlegate unter einer Art Hausarrest gelebt hatte), Mary More (die direkt vom hl. Thomas More abstammte und erst jüngst aus dem Kerker von York Castle befreit worden war), Isabella Layton (die großartige Spendensammlerin), Elizabeth Vine und möglicherweise auch Mary Chester. Eine Schule wurde eröffnet, die bald von den Töchtern des katholischen Landadels besucht wurde. Aber sie war keineswegs elitär, und das Schülerverzeichnis verrät, dass seit ganz frühen Tagen Mädchen aus dem Kaufmanns- und Handwerkerstand aufgenommen wurden. So konnte die Schule schon früh die aufstrebende Mittelklasse prägen, welcher die Zukunft gehören sollte.

Wenn Frances geglaubt hatte, dass sie mit der Gründung außerhalb der Stadtmauern die öffentliche Aufmerksamkeit vermeiden könnte, dann irrte sie sich sehr. Der Magistrat hatte ein aufmerksames und feindseliges Auge auf die „Damen des Bar" und sandte regelmäßig *„Fahnder"* die manchmal mit *„abergläubischem Zeug"* zurückkamen. Bei einer unglücklichen Gelegenheit im Jahr 1694 wurden Frances und ihre Großnichte Dorothy verhaftet und in den berüchtigten Ousebridge-Kerker geworfen, der regelmäßig unter Wasser stand, wenn der Fluss Hochwasser führte. Hier litten sie unter *„Dunkelheit, schlechten Gerüchen und Ungeziefer, auch unter Hunger und Durst und tausend ähnlichen unerfreulichen Dingen"*. Aus dieser fürchterlichen Unterkunft schrieb Frances einen Brief an den Erzbischof von York, mit dem sie sich offenbar gut stand. Dieser Brief ist ein Musterbeispiel an Höflichkeit und Fingerspitzengefühl und ist hier vollständig zitiert:

> *„An den Hochwürdigsten Vater in Gott, John, durch göttliche Vorsehung Lord Erzbischof von York, Primas von England*
>
> *Mein Lord, möge es Euer Gnaden gefällig sein. Ich hoffe, diese Zeilen treffen Euer Gnaden bei guter Gesundheit in Ihrem Haus an. Ich hätte mir gewünscht, dass Euer Gnaden am letzten Donnerstag dort gewesen wären, da ich glaube, Euer Gnaden hätten die schlechte Behandlung verhindert, die mir widerfuhr, indem ich an diesem Tag zusammen mit meiner Nichte in den Uxbridge -Kerker gebracht*

wurde. Ich muss Eurer Lordschaft nicht mitteilen, wer dies anordnete und aus welchen Gründen es geschah, da Euer Gnaden bereits gut darüber informiert sind, wie ich höre. Deshalb ist meine demütige Bitte an Euer Gnaden, Euch zu bitten, uns alle Gunst und Barmherzigkeit zu zeigen, die Euch möglich sind, dass wir bald freigelassen werden. Ich weiß, dass Euer Gnaden so voller Erbarmen und Mitleid sind, dass Ihr nichts anderes denken könnt, als dass ein Gefängnisaufenthalt mich, der nur zwei Jahre auf 80 fehlen und die außerdem schwach und krank ist, schwer trifft. Wir leben nunmehr seit wenigstens acht Jahren in dieser Stadt, und ich bin sicher, dass niemand, der gerecht und gut ist, von uns etwas anderes sagen kann, als dass wir uns in dieser Zeit ruhig und als gute Bürger verhalten haben. Wir haben uns den Anweisungen des Bürgermeisters und der Ratsherren stets gefügt, und wenn sie uns jemals ihr Missfallen über unser Leben hier ausgedrückt oder uns gewarnt hätten, so hätten wir die Stadt längst verlassen. Wenn Euer Gnaden uns jetzt dieses gebietet, dann sind wir bereit zu gehorchen, oder wenn wir an diesem schrecklichen Ort bleiben sollen, sind wir, Gott sei gelobt, frohgemut bereit, Seinem Willen zu folgen. den ich innig [bitte], Euch aufs beste zu leiten und Euch reichen Segen zu schenken, wie auch Eurer verehrten Gattin, der ich, obwohl unbekannterweise, bitte, meinen demütigen Respekt erzeigen zu dürfen, und von Euer Gnaden erbitte ich demütig Verzeihung und Vertrauen, die ich immer Eure völlig ergebene und demütige Dienerin bin.

Frances Long

Es gibt keinen Beweis, dass dieser ergreifende Brief jemals den Erzbischof erreicht hat, aber die Gefangenen waren bald wieder in Freiheit. Fünf Jahre später, am Vorabend des Feiertages des hl. Michael, gab es eine weitere schwere Krise. Ein fanatischer feindlicher Pöbel versammelte sich vor dem Haus und begann, sich gewaltsam Eintritt zu erzwingen. Die Gefahr war so groß, dass Frances das Heilige Sakrament aus dem Tabernakel nahm und sagte: *„Allmächtiger Gott, rette Dich, da wir Dich nicht retten können"*. Dann kniete die Kommunität, sich dem heiligen Michael anempfehlend, in der Eingangshalle und wartete darauf, dass die Eingangstür unter den Schlägen der Angreifer nachgeben würde. Aber plötzlich wurde es still. Ein Beobachter an einem gegenüberliegenden Fenster berichtete, dass kein Befehl gegeben, kein Wort gesprochen wurde, aber der Pöbel löste sich auf. Mit einem Dankgottesdienst wird noch heute jedes Jahr an das Ereignis erinnert, und ein Bild des heiligen Michael hängt über der Eingangstür des Konvents.

In der Zwischenzeit erlangte das Institut auf dem Kontinent mit viel Mühe seine frühere Lebenskraft zurück. Die Häuser in Rom, München, Augsburg und Burghausen waren fest etabliert, aber dem Institut fehlte weiter die päpstliche Anerkennung, und das Amt der Generaloberin war noch nicht klar definiert. Mit dem Tod von Catherine Dawson im Jahr 1697 folgte Mutter Anna Barbara Babthorpe ihr im Amt der Oberstvorsteherin und war entschlossen, die wichtige Sache der Approbation des Instituts weiter voranzutreiben. Sie erkannte, dass die Situation alle Weisheit und Erfahrung benötigte, die das Institut zur Verfügung hatte, und deshalb berief sie 1699 die betagte Mutter Frances Bedingfield nach München. Es war eine äußerst anstrengende Reise für einen älteren Menschen, aber die unbezwingbare alte Lady packte ihre Sachen und machte sich auf den Weg zum Paradeiserhaus. Dort legte Mutter Anna Barbara die Führung des Hauses in ihre Hände, und sie selbst kehrte nach Rom zurück. Dies war Frances' letztes Geschenk an das Institut, ihre Weisheit, Erfahrung und Tugendhaftigkeit wie immer ganz in den Dienst des Instituts zu stellen.

Sie starb am 4. Mai 1704 im hohen Alter von 87 Jahren und wurde - wie viele andere Mitglieder - in der Krypta der Paradeiserhaus-Kapelle beerdigt. Ein Jahrhundert später, in der Zeit der Säkularisierung während der napoleonischen Kriege, beschlagnahmte die Regierung den gesamten Besitz. Alle Gebeine wurden aus der Krypta entfernt und ohne Begräbniszeremonie in die Krypta der Kirche der Unbeschuhten Karmeliten gebracht, wo sie in einem Massengrab beigesetzt wurden. Solch schändliche Behandlung ist allerdings in Gottes Augen von geringer Bedeutung. Frances Bedingfields Denkmal ist der Bar Convent in York, und das Dokument seiner Vollendung ist sozusagen ihre Grabinschrift. Ihr Geist verweilt noch in York, und ihr Portrait hängt immer noch im Großen Sprechzimmer. Würden die Lippen sich bewegen und hätte sie eine Botschaft für uns, wären es sicher die Worte Mary Wards: „Seid froh und nicht betrübt...seid froh, denn wir dienen einem guten Herrn.!

NACHWORT

Dieses Buch befasst sich ausschließlich mit den Frauen, die sich zu Lebzeiten Mary Wards ihrer Gesellschaft anschlossen. Aber eine Ordensgemeinschaft ist nicht zeitlich einzugrenzen. Sie ist eine Vereinigung aller Mitglieder, lebendig oder tot, die ihr jemals angehört haben. In solch einer Vereinigung sind jene, die bereits die Freuden des Paradieses genießen, in Gedanken bei denjenigen auf der Erde, die versuchen, ihrem Beispiel zu folgen.

Diese tröstliche Wahrheit zeigt sich beispielhaft in einer Geschichte, die von denen erzählt und bezeugt wird, die am 30. August 1918 am Sterbebett von Mutter Teresa Blagden in Rom anwesend waren. Sie lag dort mit geschlossenen Augen. Als sie sie öffnete, lächelte sie und machte eine kleine Bewegung, wie ein Zeichen des Erkennens, als ob sie jemanden über den Köpfen der um ihr Bett Versammelten zu sehen schien. Ihr Blick wanderte durch den Raum, verweilte hier und dort und wiederholte das Zeichen des Erkennens. Schließlich ruhten ihre Augen - und mit einem Ausdruck großer Freude, jede Silbe einzeln betonend, sagte sie: „...und Mary Ward!" Dann, nachdem der Schleier so gelüftet worden war, ging sie durch den Tod ins ewige Leben. Sicher mag uns die Vermutung erlaubt sein, dass jene, die kamen, Mutter Teresa willkommen zu heißen, keine anderen waren als die frühen Gefährtinnen - und Mary Ward selbst.

ANHANG I

Es folgt eine Liste mit den Namen der Frauen, von denen wir wissen, dass sie zu Mary Wards Lebenszeit Mitglieder ihrer Gesellschaft waren und die daher als ihre Gefährtinnen bezeichnet werden können. Diese Liste ist in keiner Weise vollständig, da man annimmt, dass um die 200 bis 250 Frauen, einschließlich der häufig nicht erfassten Laienschwestern, in den 21 Jahren bis zum Verbot durch die päpstliche Bulle im Jahr 1631 in Mary Wards Institut eintraten. Obwohl es nicht möglich war, alle ausfindig zu machen, so zeigen doch die nachfolgenden Namen die starke Internationalität des Instituts bereits vor Marys Tod. Im Jahr 1629 beschrieb Mary selbst ihre Gesellschaft, sie habe „Mitglieder aus vielen Ländern und Nationen: darunter sind italienische Damen, Spanierinnen, Deutsche, Fläminnen, Böhminnen, Ungarinnen, Französinnen, Irländerinnen und Engländerinnen." Die Kommunitäten in München, Wien und Pressburg (Bratislava) waren alle international.

Bis 1627 stammten die meisten Gefährtinnen aus England. Von denen, die später in Flandern oder Neapel eintraten, kennen wir keine Namen außer den wenigen, die in späteren Verzeichnissen aufscheinen. Als Mary das Paradeiserhaus in München gründete, schlossen sich ihr viele junge Frauen deutscher Nationalität an, die zwischen 1627 und 1631 in die Gesellschaft eintraten. Nach dem Verbot durch die päpstliche Bulle „Pastoralis Romani Pontificis" im Jahr 1631 wurden diese Mitglieder durch die Amtskirche und Kurfürst Maximilian gedrängt, in ihre Familien zurückzukehren, die ja in der Nähe lebten. Zusätzlich machten es die Härten des Dreißigjährigen Krieges für alle, die nicht außerordentlich mutig waren, sehr schwer, im Paradeiserhaus zu bleiben, wo Winefrid Bedingfield Kurfürst Maximilian schließlich überzeugen konnte, dass die verbliebenen Gefährtinnen die Schule wieder eröffnen und dort unterrichten durften, aber als Laien. Auch aus Wien kehrten einige Schwestern nach München zurück. Anderen war es möglich, unter dem Schutz von Kaiser Ferdinand II. mit Margaret Genison noch einige Jahre als Laien in „Stoss am Himmel" wohnen zu bleiben, aber sie trennten sich von Mary Ward.

1. Gefährtinnen aus englischen Familien

— **ALBY, HELEN** Über diese frühe Gefährtin wissen wir nichts, außer dass sie 1631 als Mitglied der römischen Kommunität genannt wird.

— **ALCOCK, MARY** war ein frühes Mitglied des Instituts, und es heißt von ihr, dass sie das Amt einer „Ministerin" oder Hauspräfektin innehatte. Sie wandte sich später von Mary ab und wurde dabei von Schwester Praxedis in Lüttich unterstützt. Nachdem sie das Institut im Jahr 1619 verlassen hatte, schrieb sie verleumderische Berichte über Mary Ward und lieferte belastendes Material zu der sog. „*Godfather's Information*" [einer Schmähschrift gegen Mary Ward]. Sie starb 1627.

— **ATKINS, JANE** Die einzige Erwähnung dieser Gefährtin findet sich in einem Brief Mary Wards vom 16. Februar 1627, in dem sie Barbara Babthorpe bittet, Jane Atkins und andere von Lüttich nach München zu senden.

— **BABTHORPE, BARBARA**, geboren 1592, verstorben 1654, zweite Oberstvorsteherin (ein Titel, der erst nach dem Verbot des Instituts statt „Generaloberin" verwendet wurde) - siehe Haupttext

— **BABTHORPE, ELIZABETH** war die Tochter von William Babthorpe und seiner Frau Ursula Tyrwhitt - und damit eine Nichte der zweiten Oberstvorsteherin. Sie wurde etwa 1615 in Thornaby im Norden Englands geboren und trat 1630 in München in das Institut ein. Dort kümmerte sie sich um die kleineren Kinder der Schule. Nach dem Verbot des Instituts wurde sie nach Rom versetzt, wo sie Zweifel an ihrer Berufung durchlebte, wie Mary Ward in einem Brief erwähnt. Gleichwohl blieb sie treu. Nachdem sie einige Jahre an einer Lähmung litt, starb sie 1653 in Rom.

— **BABTHORPE, MARIA** war die Schwester von Elizabeth, etwa 1611 geboren. Sie trat am 2. Dezember 1629 in München ins Institut ein und erscheint am 14. März 1631 auf einer Liste der Mitglieder des Paradeiserhauses. Maria starb 1654 in Rom.

— **BADGER, CHRYSOGONA** wurde etwa 1615 in Twining, England, als Tochter von John (oder James) Badger und Mary (geborene Wakeman) Badger geboren. Folglich war sie die Nichte von Chrysogona Wakeman (siehe diese). Sie trat 1630 mit 15 Jahren in das Institut ein. Im März 1631 war sie ein Mitglied der Münchener Kommunität und lebte später in Rom, wo sie zwischen 1671 und 1683 starb.

— **BEDINGFIELD, FRANCES** siehe Haupttext

BEDINGFIELD, MARY war die Tochter von Francis und Catherine (geb. Fortescue) Bedingfield und daher eine Schwester von Winefrid und Frances. Sie wurde in Redlingfield geboren, sonst weiß man nichts von ihr, außer dass sie in St. Omer oder Lüttich in das Institut eintrat.

BEDINGFIELD, WINEFRID siehe Haupttext

BROOKSBY, FRANCES Die Familie Brooksby war mit den Vaux und den Bedingfields verwandtschaftlich verbunden. Ihre Familie war „bedeutend genug", um Frances, geb. 1587 einen Platz am Hof von Königin Anne von Dänemark, der Gemahlin Jakobs I., zu sichern. Sie stürzte sich in das Hofleben und genoss alle weltlichen Vergnügungen, die es ihr bot, bis sie im Alter von 30 Jahren einen plötzlichen Widerwillen gegen alles empfand, das sie bisher so fasziniert hatte. Entschlossen, den vergänglichen Freuden zu entsagen, verließ sie England auf der Suche nach ihrer Berufung und fand sie in St. Omer. Sie schloss sich 1617 oder 1618 dem Institut an und wurde nur drei Jahre später von Mary Ward in die gefährliche Englische Mission entsandt, um Susanna Rookwood dort abzulösen. Frances war sehr wahrscheinlich jene Oberin, für die Schwester Dorothea ihren „Bericht" schrieb, und sie könnte zwei Amtsperioden in England als Oberin gedient haben. Wahrscheinlich war sie Oberin in England von 1621 bis 1623/24, als sie zur Oberin in Köln ernannt wurde.

Als Mary Ward 1627 Ordensmitglieder aus Flandern nach München versetzte, blieb Frances als Oberin in Köln bis zu ihrem Wechsel nach Pressburg (Bratislava) im Jahr 1628. Später löste sie Barbara Babthorpe als Oberin der kleinen Kommunität in Pressburg ab und blieb dort, abgeschnitten von jeder Verbindung mit Mary Ward durch die Kriegswirren und gegnerische Spione, aber beschützt von Kardinal Pázmány, bis das Haus 1632 endgültig geschlossen wurde. Später gelang es ihr, nach München zu reisen, wo sie bis zu ihrem Tod im Jahr 1657 im Paradeiserhaus lebte. Wie viele ihrer Gefährtinnen liegt sie in der Krypta der Kirche der Unbeschuhten Karmeliten in München begraben.

BROWNE, JANE siehe Haupttext

BUSKELL, ANNE war eine der frühen Gefährtinnen. Man sagt, dass sie sich Mary Ward 1612 angeschlossen hat. Im Jahr 1620 war sie Oberin des Hauses in der Rue Pierreuse in Lüttich. In einem Dokument vom April 1630 wird sie als Provinzialoberin bezeichnet, sodass sie vermutlich Barbara Babthorpe in diesem Amt folgte, nachdem diese nach Pressburg entsandt worden war. Sie verließ das Institut nach der Schließung des Hauses in Lüttich im Jahr 1630, aber es gibt einige Anhaltspunkte, dass sie zurückkehrte und mit den wenigen Mitgliedern lebte, die in späteren Jahren noch dort blieben.

—— **CAMPIAN, ANNE** war 1627 ein Mitglied der Kommunität in St. Omer, möglicherweise die Oberin. Campian war [wegen des bekannten Märtyrers] ein beliebter Deckname, der von einigen frühen Gefährtinnen benutzt wurde.

—— **CAMPIAN, MARGARET** war im Jahr 1621 Mitglied der Kommunität von St. Omer und ging 1622 als Procuratrix (Ökonomin) nach Lüttich. Im Jahr 1627 pflegte sie Anne Gage während ihrer Krankheit, und seit 1633 war sie wahrscheinlich in Köln, wo sie 1635 starb.

—— **CLAYTON oder CHATON, MARY** war Laienschwester. 1622 ist sie in Lüttich, 1623 in Rom, und im Januar 1624 wird sie erwähnt als eine der Begleiterinnen Mary Wards, als diese nach Perugia geht, um dort ein Haus zu gründen. Von Mary Clayton wird berichtet, dass sie sehr zerbrechlich war und auf der Reise unter der bitteren Kälte litt. Zurück in Rom war sie *„eine Gefährtin bis 1625"*.

—— **CLIFFORD, HELEN** wurde in Oxford etwa 1599 geboren und trat in Lüttich in das Institut ein, wo sie wahrscheinlich 1623 Profess ablegte. Wir hören das nächste Mal von ihr als Leiterin des Internats in Wien im Jahre 1629.

—— **CONSTABLE, BARBARA**, 1614 in Osgodby in Yorkshire geboren, war Barbara die Tochter von John Constable und seiner Frau Elizabeth, geborene Babthorpe (Barbara Babthorpes Schwester). 1630 trat sie im Alter von 16 Jahren in das Institut in München ein und legte im Jahr 1633 in der Kirche Santa Maria Maggiore in Rom ihre Ordensgelübde in die Hände von Mary Ward ab. Mary schrieb darüber in einem verschlüsselten Brief: „Gestern gab Peters Neffe Gott sein Bestes, am Tag der Geburt der Heiligen Jungfrau [8. September] in ihrer Hauptkirche". Im Jahr 1666 wählte Mary Poyntz sie als Nachfolgerin von Winefrid Bedingfield als Oberin des Paradeiserhauses in München. Sie starb am 2. August 1683, und ihre Gebeine liegen in der Krypta der Kirche der Unbeschuhten Karmeliten.

—— **CONSTABLE, FRANCES** Die jüngere Schwester von Barbara wurde 1616 in dem Herrensitz der Familie in Burton Constable (bei Hull / Yorkshire) geboren. 1630 folgte sie, erst 14 Jahre alt, ihrer Schwester ins Münchener Noviziat. Als Mary im Jahr 1632 von München nach Rom aufbrach, vertraute sie *„...die Kommunität Mary Poyntz an"*, die damals Oberin war, und zu Frances gewandt fuhr sie fort: *„besonders diese, denn sie wird bald im Himmel sein"* Alle waren erstaunt, denn die junge Novizin sah gut und gesund aus, aber sie starb ein paar Wochen später. Sie wurde in der Krypta des Paradeiserhauses beigesetzt, aber heute ruhen auch ihre Gebeine in der Karmelitenkirche.

COPLEY, MARY Die Familie der Copleys war verwandt mit den Gages von Sussex. Mary Copley war gerade Oberin des Hauses am Mont Saint Martin in Lüttich, als das päpstliche Dekret zur Schließung des Hauses am 30. April 1630 verlesen wurde. Sie und die Kommunität gehorchten umgehend und bekamen eine Frist von 40 Tagen, das Haus zu räumen. Jedoch wurde das Dekret nicht wirklich vollzogen, und die Gefährtinnen blieben ungestört bis zur Ankunft von Winefrid Wigmore als Visitatorin im August. Am 5 September, nachdem Winefrid allen verboten hatte, ohne Erlaubnis das Haus zu verlassen, entband sie Mary Copley von ihren Aufgaben und setzte an ihrer Stelle Elizabeth Hall als Leiterin ein. Winefrid glaubte, dass Elizabeth loyaler gegenüber Mary Ward wäre, aber tatsächlich waren die beiden miteinander einig und verließen heimlich am Morgen des 6. September das Haus. Sie blieben in der Stadt und wurden später in jenem Monat zum Verhör vor den päpstlichen Nuntius geladen. Dabei beharrte Mary Copley trotz ihrer Flucht darauf, dass das Institut weiter existiere, die Generaloberin noch im Amt sei und sie selbst sich an ihre Ordensgelübde gebunden fühle. Gleichwohl trat sie danach aus dem Institut aus, kehrte nach England zurück und verschwand so von der Bildfläche.

COTTON, ELIZABETH war eine der Cottons von Warblington (bei Portsmouth an der Südküste), aus der gleichen Familie wie Sir Robert Cotton, der Antiquar und Gründer der Cotton Bibliothek. Ihr Vater, Sir George Cotton, starb für seinen Glauben im Gefängnis. Elizabeth war ein frühes Mitglied der Kommunität von St. Omer. Mary Ward berief sie 1623 nach Rom, und sie wurde ihre Sekretärin, die sie bei ihren Papstaudienzen, Reisen und Neugründungen begleitete. 1627 begleitete sie Mary nach München und wurde Mitglied der Kommunität im Paradeiserhaus. Eine ihrer Aufgaben war die Verteilung von Marys wöchentlichen Rundbriefen an alle Häuser des Instituts. Wenn Decknamen benutzt werden mussten, so hieß Elizabeth ‚James'.

Bei der Verhaftung Mary Wards am 7. Februar 1631 waren nur Mary Poyntz und Elizabeth Cotton anwesend, aber Elizabeth schrieb darüber einen detaillierten Bericht und hielt mit einer Serie von Briefen an Elizabeth Keyes die römische Kommunität über die Situation auf dem Laufenden. Als Sekretärin fiel ihr auch die Aufgabe zu, Mary Wards wichtige Briefe vom 2. und 10. Februar 1631 mit der Weisung an alle, sich der päpstlichen Autorität zu unterwerfen, an sämtliche Kommunitäten zu senden. Sie selbst war natürlich auch eine der Unterzeichnerinnen dieses Dokuments. Nach Mary Wards Freilassung reiste diese - von Elizabeth begleitet - ein letztes Mal nach Rom. Dort folgte die berühmte Audienz bei Papst Urban VIII., und vermutlich war Elizabeth Zeugin der Versöhnung und überlieferte die Worte „*Wir glauben es, Wir glauben es!*", mit denen der Papst Marys Erklärung, sie sei keine Häretikerin, beantwortete. Mary Ward verließ Rom 1637, und damals scheint Elizabeth dort zurückgeblieben zu sein. Sie starb 1651 und wurde im ‚Ehrwürdigen Englischen Kolleg' beigesetzt.

—— **DAWSON, CATHERINE** wurde 1622 in eine schottische Familie geboren. Sie war vermutlich Schülerin in der Kölner Schule. Es ist jedoch nicht bekannt, wann und wo sie in die Gesellschaft eintrat; möglich ist, dass dies in England geschah. Mary Ward schätzte offenbar ihre Fähigkeiten, denn in einem Brief aus dem Jahr 1639, in dem sie die Hoffnung ausspricht, in London eine Schule zu gründen, spricht sie von „Kate" als dem dafür nötigen ‚Eckstein'. Man weiß, dass sie im Jahr 1656 in Rom war, und nach dem Tod von Mary Poyntz im Jahr 1667 wurde sie zur Oberstvorsteherin des Instituts gewählt und entsandte unverzüglich die Gruppe von Mitschwestern, die bereits von Mary Poyntz dafür ausgewählt worden waren, nach England. Diese Gruppe wurde von Frances Bedingfield angeführt und war dazu bestimmt, das Haus in Hammersmith und den Bar Convent in York zu gründen. Catherine gründete im Jahr 1683 das Haus in Burghausen und richtete eine Petition an den Papst mit der Bitte um päpstliche Anerkennung für das Institut - allerdings ohne Erfolg. Sie starb am 10. Februar 1697 in Rom. Wir haben kein Portrait von ihr, aber in einem alten Nekrolog wird ihr „majestätisches Auftreten" beschrieben.

—— **DE LA COST, JANE** war eine Laienschwester, die 1622 von Mary Ward nach Rom berufen wurde.

—— **DOROTHEA, SCHWESTER** siehe ihre eigene Erzählung im Haupttext

—— **FALCKNER oder FULCHER, ELIZABETH** wird im Jahr 1620 als Oberin erwähnt, gemeinsam mit Barbara Babthorpe und Anne Buskell. Sie könnte entweder in Köln oder Trier Oberin gewesen sein.

—— **FULLER, FRANCES** war Mitglied der Kommunität in Lüttich zur Zeit der Aufhebung im April 1630. Sie verließ damals das Institut.

—— **GAGE, ANNE** war die Tochter von Edward Gage und seiner Frau Margaret, geborene Shelley. Edward gehörte zu einem jüngeren Zweig der Familie und lebte daher in Bentley (nahe Brighton) in Sussex. Anne wurde im Jahr 1580 geboren und war schon früh mit der entstehenden Gesellschaft verbunden, wie wir aus einem Brief aus dem Jahr 1612 entnehmen können, in dem Mary Ward, Barbara Babthorpe und Anne Gage die Erzherzogin Isabella Clara Eugenia um Unterstützung ihrer Erziehungsarbeit bitten. Sie war eine sehr vielversprechende junge Ordensfrau, und Mary zögerte nicht, ihr schwierige und verantwortungsvolle Aufgaben zu übertragen. Mary überließ ihr während ihres Besuchs in England im Jahr 1614 die Führung des Haushalts in St. Omer, der mehr als 50 Personen umfasste. Ein Jahr später ernannte sie Anne zur Oberin der gefährlichen Mission in London. 1618 war Anne Oberin in Lüttich und hatte, obwohl schwer erkrankt, die ganze Last von lähmenden Schulden und feindseliger Kritik zu tragen. Sie war auch anwesend, als das Haus in Lüttich am 30. April 1630 aufgelöst wurde, verließ aber das Institut kurz danach. Die Geschichte endet traurig: Mary Ward trauerte über den Austritt einer Gefährtin, der sie vertraut hatte, und Anne - eine Frau im mittleren Alter mit angeschlagener Gesundheit, deren Mitgift unwiederbringlich verloren war - sah einer ungewissen Zukunft entgegen.

GENISON, MARGARET, eine Nichte von Pater John Gerard, wurde etwa 1602 in London geboren. Sie trat 1629 in Lüttich in das Institut ein. Zwei Jahre später nahm Mary Ward in Rom ihre Ordensgelübde entgegen. Sie wurde Mitglied der Kommunität in Neapel, und Mary, die sie gern hatte, fügte ihren Briefen oft ein paar herzliche Zeilen für sie an. Wichtiger noch war Marys Vertrauen in Margarets Verschwiegenheit, sodass sie ihr zum Beispiel über die erste Audienz bei Papst Urban VIII. berichtete, während andere nichts darüber erfuhren. Als das Paradeiserhaus im Jahr 1627 gegründet wurde, war Margaret eines der Mitglieder, die von Mary namentlich angefordert und gedrängt wurden, *„in Eile"* zu kommen. Später in diesem Jahr gründete Mary eine Niederlassung in Wien und ernannte Margaret zur Oberin des Hauses „Stoss am Himmel". Sie bewies ihr Vertrauen in sie erneut während ihrer Zeit im Gefängnis des Angerklosters, indem sie darauf bestand, dass Margaret um den schon fertigen Plan für den Fall ihres Todes wissen sollte. „Stoss am Himmel" stand unter dem Schutz Kaiser Ferdinands II, und er setzte seine jährlichen Unterstützungszahlungen auch nach der Zerschlagung des Instituts 1631 fort. Margaret Genison und ihre Mitschwestern blieben dort, allerdings *„getrennt von Mary Ward"*.

GIFFORD, HELEN siehe auch Clifford, Helen

HALL, ELIZABETH Im April 1630, als das Haus in Lüttich aufgehoben wurde, war Elizabeth Hall dort Ministerin (Hauspräfektin). Die Kommunität blieb aber noch länger dort wohnen, und als Winefrid Wigmore im Sommer als Visitatorin erschien, setzte sie Mary Copley als Oberin ab und ersetzte sie durch Elizabeth Hall. Doch die beiden waren enge Vertraute und verließen das Haus heimlich unter Missachtung von Winefrids ausdrücklicher Weisung. Sie blieben in der Stadt und waren bei dem Verhör im September anwesend, aber beide verließen das Institut kurze Zeit später.

HAZLEWOOD, MARY Alles, was wir über dieses Mitglied wissen, ist, dass sie 1627 in Lüttich war und entweder vor dem Jahr 1630 starb oder das Institut verließ.

HOUSE oder HAUSIN, JOANNA wurde etwa 1602 geboren und trat 1621 in Köln in das Institut ein. Sie war Mitglied des Hauses „Stoss am Himmel" in Wien während der Visitation durch den Erzbischof, und man weiß, dass sie 1631 zur Zeit der Aufhebung in München war, wonach sie anscheinend nach Wien zurück kehrte.

Die ursprüngliche Kommunität dort zählte elf Mitglieder, von denen nur drei Engländerinnen waren, und nur vier Schwestern unterrichteten. Die verbleibenden Mitglieder der Gruppe blieben zusammen, allerdings „trennten sie sich von Mary Ward", und die Schule wurde nicht vor ca. 1636 oder 1637 geschlossen.

—— **HYDE oder HEYDE, BRIDGET** war eine der unglücklichen Gefährtinnen, die in Lüttich waren, als das Haus am 30. April 1630 aufgehoben wurde. Die Schulen wurden geschlossen, und sie und die anderen lebten im Haus bei St. Martin in bitterster Armut. Als sie am 18. September 1630 verhört wurde, sagte Bridget aus, dass sie 35 Jahre alt sei, aus Berkshire komme und seit drei Jahren in Lüttich lebe. Sie „fühlte sich zum Ordensstand berufen". Sie sei überzeugt, dass ihre Gelübde unverändert Bestand hätten, und sie habe keinen Wunsch, sich zu irgendeiner anderen Form des Ordenslebens zu verpflichten.

—— **HORDE, MAGARET** Sie begann ihr Leben mit Mary Ward auf abenteuerliche Weise, indem sie im Juli 1614 als eine der vier „Töchter" von Catherine Bentley den Ärmelkanal überquerte. Nachdem sie St. Omer erreicht hatte, verlief ihr Leben recht unabenteuerlich bis 1621, als sie ausgewählt wurde, Mary auf ihrem ungewöhnlichen Fußmarsch nach Rom zu begleiten. Eine weitere Weggefährtin war Barbara Ward, und Margaret liebte und bewunderte diese junge Frau so sehr, dass sie nach deren Tod im Jahr 1623 eine Gedenkschrift über sie verfasste. Leider überwog dabei ihre Begeisterung die nüchterne Vernunft, und deshalb urteilt Catherine Chambers über das Buch, es sei weitschweifig und enthalte wenig an Fakten. In Rom angekommen, bewohnten die Gefährtinnen Marys ein Haus an der Ecke der Via Monserrato, direkt gegenüber dem Englischen Kolleg [der Jesuiten]. Margaret war Mitglied der ersten römischen Kommunität und übernahm die Aufgaben einer Sekretärin für Mary, wie Kopien wichtiger Dokumente in ihrer „klaren, aber unregelmäßigen Handschrift" beweisen. Sie wird selten erwähnt, außer als eines der Mitglieder der Gruppe, die Papst Urban VIII. im Jahr 1624 in Frascati besuchten. Da es nach 1625 keine Dokumente in ihrer Handschrift mehr gibt, geht man davon aus, dass sie nicht lange danach verstorben sein muss. Ihre Nachfolgerin als Sekretärin wurde Elizabeth Cotton.

—— **ISAM, CATHERINE** wird lediglich in einem Brief Marys aus dem Jahr 1627 als Mitglied der Englischen Mission erwähnt.

—— **KEYES, ELIZABETH** Von Elizabeth hören wir das erste Mal als Mitglied einer Gruppe, die 1621 kurz nach Marys Ankunft dort nach Rom berufen wurde. Sie war danach möglicherweise auch Mitglied der kurzlebigen Kommunität in Perugia und wurde nach der Schließung des Hauses 1625 wieder nach Rom zurückversetzt. Sie hatte eine wichtige Position in der römischen Kommunität, möglicherweise auch als Oberin. Ausgestattet mit unternehmerischem Scharfsinn und diplomatischen Fähigkeiten hatte sie gute Beziehungen zu einflussreichen Persönlichkeiten der Stadt, und in einem Fall bat Mary Ward sie in einem Brief, ihren Einfluss zum Wohle des Instituts geltend zu machen. Als Mary im Februar 1631 verhaftet wurde, schrieb Elizabeth Cotton ihr eine Serie von Briefen, in denen sie ihr von Tag zu Tag einen genauen Bericht über die Situation gab. Das Haus in Rom war in einer äußerst kritischen Lage und verdankte sein Überleben Elizabeths diplomatischem Geschick. Die zeitgenössischen Archive enthüllen, dass mehrere der „Zitronensaftbriefe" präzise Handlungsanweisungen für Elizabeth enthielten, und der letzte eigenhändige Brief, den Mary im Jahr 1642 aus England schrieb, war an Elizabeth gerichtet. Wann diese in Rom gestorben ist, ist unbekannt.

——— **LAMETZ, FRANCES** war möglicherweise französischer Nationalität und zur Zeit der Aufhebung im April 1630 Mitglied der Lütticher Kommunität. Sie verließ damals das Institut.

——— **LAYTON oder LAITON, ISABELLA** Während die Mehrheit der frühen Gefährtinnen Marys aus streng katholischen Grundbesitzerfamilien stammte, wurde Isabella 1618 in London in einer gutbürgerlichen protestantischen Familie geboren. Ihr Vater war ein „wohlhabender Bürger" und soll Lord Mayor (Bürgermeister) gewesen sein. Als eine Seuche in London ausbrach, schickte ihr Vater sie zu ihrer Sicherheit aufs Land, wo er sie im Haus eines katholischen Adeligen unterbrachte. Von dort kam Isabella als Katholikin zurück. Ihr Vater erkrankte an der Seuche und starb. Er hinterließ seinen gesamten Reichtum seiner einzigen Tochter - unter der einzigen Bedingung, dass sie ihrem Glauben abschwören und wenigstens hin und wieder die Staatskirche besuchen sollte. Ein alter Nekrolog erzählt diese Geschichte so weiter: *„Ihre weltlichen Freunde versuchten alles, sie zur Annahme dieser Bedingungen und damit zu Reichtum und Wohlstand zu bewegen. Aber sie hörte auf keine Argumente oder Beschwörungen und wurde schließlich als eine Bettlerin und Ausgestoßene aus dem Haus gejagt. Mit Armut als ihrem einzigen Schatz wandte sie sich an das Haus des Instituts und wurde dort mit offenen Armen empfangen."* Sie schloss sich den Gefährtinnen in London etwa 1639 an, wählte den Stand einer Laienschwester und übernahm die niedrigsten und schwersten Arbeiten. So erwies sie sich als ein sehr nützliches Mitglied. Im Jahr 1662 half sie bei der Gründung des Augsburger Hauses, und in den Jahren 1667 bis 1669 sammelte sie Geld, um Frances Bedingfield die Möblierung des leeren Hauses in Hammersmith zu ermöglichen. Dreimal reiste sie in Angelegenheiten des Instituts nach Rom, manchmal auch zu Fuß. Aber es lagen ihr nicht nur unternehmerische Fähigkeiten im Blut, sie war zutiefst und auf eine sehr praktische Weise mitfühlend. Der Nekrolog berichtet: *„Sie ist oft viele Meilen weit gegangen, meist in der Nacht, um ihren Mitschwestern in Not Lebensmittel oder andere Hilfe zu bringen, Gefangene zu besuchen, die wegen ihres Glauben eingesperrt waren, und deren Freilassung zu erlangen, indem sie wohltätige*

Menschen fand, die diese freikauften." Dieser große Schatz des Instituts wurde im hohen Alter nach München zurückgerufen und starb dort im Alter von 84 Jahren am 9. November 1702.

— **MARSHALL, CLARE** wurde etwa 1616 in Kilkenny, Irland, geboren als Tochter von Francis Marshall und seiner Frau Anne, geborene Brooksbie. Sie trat am 3. Februar 1630 im Alter von 16 Jahren in München in das Institut ein und starb in Rom, aber das Datum ihres Todes ist nicht bekannt.

— **MARSHALL, HELEN** war die Tochter von Francis Marshall und seiner Frau Elizabeth Basset, also eine Halbschwester von Clare. Sie wurde auch in Kilkenny geboren und trat vor ihrer Halbschwester am 2. Dezember 1629 in München ein, wo sie am 30. Juli 1634 starb.

— **MINORS, ANNE** wird 1621 als Ministerin (Hauspräfektin) in St. Omer erwähnt.

— **MORGAN, ANNA** war eine Nichte von Cecily Morgan und war bei der Schließung des Hauses im April 1630 Mitglied der Lütticher Kommunität. Nach ihrem Verhör im September desselben Jahres bat sie aus Angst vor der Exkommunikation um Entbindung von ihren Ordensgelübden. Der Rest ihres Weges ist schwer zu verfolgen. Schwester Immolata Wetter erwähnt sie als *„Gefährtin bis 1630"*, aber Fridl behauptet, dass sie noch 1671 im Paradeiserhaus lebte.

— **MORGAN, CECILY** Ihre Familie war mit dem Märtyrer Edward Morgan verwandt. Cecily könnte in Paris erzogen worden sein. Wir hören das erste Mal 1623 als Mitglied des Kölner Hauses von ihr. Von 1627 bis 1633 unterrichtete sie dann im Paradeiserhaus und wurde zur Novizenmeisterin ernannt. In München unterschrieb sie am 14. März 1631 die Unterwerfungsurkunde und starb zwei Jahre später, am 5. Mai 1633.

— **PALMER, FRANCES** war ein Mitglied der Lütticher Kommunität, mehr wissen wir leider nicht über sie. Sie könnte ein Kind der Familie Palmer aus Palmer Park, Sussex, gewesen sein, durch Heirat mit den Gages, Bentleys, Shelleys und Brownes verwandt.

— **PICK oder PISK, HELENA** war Mitglied der Lütticher Kommunität zum Zeitpunkt der Aufhebung im April 1630 und verließ das Institut zu dieser Zeit.

— **POINETS oder POYNTZ, FRANCES** war ebenfalls Mitglied der Lütticher Kommunität, aber mehr ist über sie nicht bekannt.

— **POYNTZ, MARY** siehe Haupttext

PRAXEDIS, SCHWESTER Dieses irregeleitete Mitglied der Lütticher Kommunität wird ca. im Jahr 1619 erwähnt. Sie kam aus den Ardennen, aus der Nähe von Lüttich, und trat als Laienschwester ein. Sie kam zu der Überzeugung, dass sie durch Visionen Gottes Willen bezüglich der Zukunft des Instituts kenne. Danach sollte die ignatianische Lebensweise aufgegeben und stattdessen die Regeln eines anderen traditionellen Ordens eingeführt werden. Sie wurde dabei von einigen Jesuiten, von Unzufriedenen in der Gemeinschaft und von einigen Neuankömmlingen unterstützt. Da sich Mary Ward in *„einem Meer der Ungewissheit"* fühlte, gestand sie demütig zu, dass Gott seine Pläne außer ihr auch anderen mitteilen könnte. Der Göttliche Wille wurde dann durch den unerwarteten Tod von Schwester Praxedis manifestiert. Der von Mary Ward eingeschlagene Weg war gerechtfertigt.

RATCLIFFE oder RADCLIFFE, MARY könnte zu den Ratcliffes aus Yorkshire gehört haben. Man hört zum ersten Mal von ihr als Mitglied der frühen römischen Kommunität im Jahr 1623. Nach dem plötzlichen Tod von Susanna Rookwood im Jahr 1624 wurde sie zur Oberin des Hauses in Neapel ernannt. Das Haus und die Schule entwickelten sich gut, und Mary Ratcliffe war in der Lage, die notleidende römische Kommunität weiterhin regelmäßig mit Goldmünzen zu unterstützen. Als Mary Ward das Haus in Wien unter dem Schutz von Kaiser Ferdinand II. gründete, sandte sie nach Mary Ratcliffe, damit sie die Oberin der für das Ansehen des Instituts so wichtigen Neugründung werde. Da aber Mary Ratcliffe schwer erkrankt war, als sie die Berufung erreichte, wurde Margaret Genison nach Wien entsandt.

Das Haus in Neapel konnte noch fortbestehen, nachdem die Auflösung der Häuser im Kirchenstaat schon vollzogen war, wurde aber 1628 schließlich auch geschlossen. Pater Vitelleschi, ein wahrer Freund der Kommunität, schrieb Mary Ratcliffe einen Brief, der auch fast vierhundert Jahre später direkt ans Herz geht: *„Sie wissen sehr genau"*, schrieb er, *„dass Leiden das tägliche Brot aller Diener des Herrn sind, und dass es für Seine Göttliche Majestät eine Freude ist, denen nahe zu sein, die aus Liebe zu Ihm Leiden auf sich nehmen."* Er schlug ferner vor, dass den heimatlosen Kommunitätsmitgliedern erlaubt würde, ohne Bezahlung im Kollegium [der Jesuiten] in Bovino zu leben. 1632 verließ Mary Ratcliffe Neapel, und wir wissen, dass sie ihren Ordensberuf schließlich hinter den Mauern eines Karmeliterinnen-Klosters in Amsterdam lebte.

RUSHTON oder RISHTON, ANNA wird 1627 als Mitglied der Kölner Kommunität erwähnt.

ROOKWOOD, DOROTHY war die jüngere Schwester von Susanna Rookwood. Sie schloss sich Mary Ward in Flandern an. 1622 wurde sie nach Rom gerufen und starb dort 1624.

— **ROOKWOOD, SUSANNA** siehe Haupttext

— **SHELLEY, LUCY** Über ihre frühen Jahre haben wir keine Details, aber wir wissen, dass sie zur Zeit der Schließung im Jahr 1628 Mitglied der Kommunität in Neapel war. Sie war eine der heimatlosen Gefährtinnen, für die Pater Vitelleschi mitfühlend um Gastfreundschaft im Jesuitenkolleg von Bovino ersuchte. Es scheint, dass sie noch einige Jahre in Neapel oder Rom verbrachte.

— **SUCKLY, FRANCES** Über sie gibt es keine näheren Angaben, außer dass sie von 1628 bis 1632 Mitglied der Münchner Kommunität war.

— **TALBOT, ANNE** war eine der Töchter des George Talbot von Grafton, Earl of Shrewsbury. 1627 wird sie als Mitglied der Lütticher Kommunität genannt und könnte dort gestorben sein, oder sie hat das Institut verlassen.

— **TALBOT, BRIDGET** war auch eine Tochter des Earl of Shrewsbury, und zwar zu einer Zeit, als die Familie durch die Verfolgung verarmte. Freunde brachten Bridget auf den Kontinent, wo sie im Jahr 1645 in Kontakt mit dem Münchner Institut kam. Sie bat darum, als Laienschwester aufgenommen zu werden. Ihrem Wunsch wurde entsprochen, und sie lebte in diesem Stand ein sehr erbauliches Leben. Für viele Jahre war sie die Pförtnerin im Paradeiserhaus und pflegte zu sagen, dass sie hoffe, mit ihrem Hausschlüssel das Tor zum Himmel zu öffnen. Sie starb im Februar 1657 in München und fand den Weg in den Himmel sicher auch ohne ihren Hausschlüssel.

— **TALBOT, MARY** war ebenfalls eine Tochter von George Talbot von Grafton, Earl of Shrewsbury. Sie war 1621 Mitglied der Lütticher Kommunität, verließ das Institut aber im Jahr 1629.

— **TAPNAE/THOMEI, ELIZABETH** war Mitglied der Lütticher Kommunität zur Zeit der Zwangsschließung im April 1630 und verließ das Institut zu diesem Zeitpunkt.

— **TURNER, ANNE** hat wahrscheinlich 1614 als eine von Catherine Bentleys „vier Töchtern", die in ihrem Pass erwähnt werden, den Ärmelkanal überquert und so St. Omer erreicht. Sie hatte möglicherweise einige Kenntnisse in Krankenpflege, da sie besonders während der Krankheiten von Mary Ward so oft an ihrer Seite war. Im Jahr 1623 war sie Mitglied der Kommunität in Rom, 1627 in München, 1628 war sie bei Mary auf der Reise zu den Heilquellen von Eger, und 1629 begleitete sie Mary nach Rom. Im Jahr 1631 war sie zurück in München, und es wurde ihr erlaubt, Mary Wards Gefangenschaft im Angerkloster zu teilen. Sie war fast sicher auch am Sterbebett Mary Wards, ist aber vermutlich vor 1650 nach Deutschland zurückgekehrt.

— **VAUX, JOYCE** Diese frühe Gefährtin war die Tochter von George Vaux of Harrowden und Elizabeth (geborene Roper). Sie reiste 1606 eingetragen in den Reisepass ihrer Tante Jane Lovell zum Kontinent und prüfte ihre Berufung zuerst bei den Benediktinerinnen, später bei den Karmeliterinnen. Dann änderte sie ihren Entschluss, schloss sich Mary Wards Neugründung an und war nach Berichten Mitglied der Häuser in St. Omer (1614), Rom und Perugia (1624). Joyce verließ das Institut mit der Schließung des Hauses in Perugia im Jahr 1625. Sie scheint danach noch einige Jahre in Perugia geblieben zu sein, bevor sie ungefähr 1630 nach England zurückging.

— **WAKEMAN, CHRISOGONA** wurde 1596 geboren und war Mitglied der Kommunität in Neapel bis zur Zwangsschließung im Jahre 1628. Sie und Mary Ratcliffe scheinen bis 1632 in der Stadt geblieben zu sein, wonach beide in das Karmeliterinnen-Kloster von Antwerpen eintraten.

— **WALGRAVE, ANNA** war zur Zeit der Schließung im Jahr 1631 ein Mitglied der Kommunität in Rom.

— **WARD, BARBARA** siehe Haupttext

— **WARD, ELIZABETH**, geboren 1591 oder 1592, war eine von Mary Wards jüngeren Schwestern. Sie schloss sich etwa 1615 den Gefährtinnen an, aber es wurde gesagt, dass zu einer bestimmten Zeit die Beziehung zwischen den beiden Schwestern gespannt war. Es gibt nur wenige Anhaltspunkte dafür, aber wie immer die Umstände auch waren, die Meinungsverschiedenheiten müssen schließlich beigelegt worden sein, denn als Mary nach der Zwangsschließung der Häuser eine Unterbringung für heimatlose Mitglieder suchte, nannte sie ihre Schwester Elizabeth als die mögliche Verantwortliche für St. Omer.

— **WIGMORE, ANNA** wurde als Tochter von John Wigmore und seiner Frau Jane, geborene Whitney ca. 1615 in Lucton (bei Wales) geboren und war somit eine Nichte von Winefrid. Sie wurde in München ausgebildet und trat 1630 im Alter von 15 Jahren dort ins Institut ein. 1632 war sie Novizin in Rom und *„hielt sich sehr gut"*, wie Mary schrieb.

— **WIGMORE, HELEN/ELLEN** war eine jüngere Schwester von Winefrid Wigmore. Sie scheint 1626 oder 1627 in London eingetreten zu sein und wurde danach nach St. Omer berufen. Ein Brief Mary Wards an Winefrid Wigmore beschreibt, wie sie ohne Erlaubnis weiter nach Gent reiste, um Elisabeth, eine andere Wigmore-Schwester, die dort Benediktinerin war, zu besuchen. Helen trat schließlich in das Karmeliterinnen-Kloster in Antwerpen ein, wo sie 1628, im Alter von 29 Jahren, ihre Profess ablegte.

WIGMORE, WINEFRID siehe Haupttext

WIVELL, MARY wurde 1603 wahrscheinlich als Mitglied einer Familie aus Yorkshire geboren. Sie begleitete Winefrid Wigmore im Jahr 1630 auf ihrer glücklosen Reise nach Lüttich. Die 650 Meilen von München legten sie zu Fuß zurück. Mary Wivell war eine der sieben englischen Frauen, die von Nuntius Carafa im September verhört wurden. Ihre Antworten waren klar und entschieden: Sie wollte dem Papst gehorsam sein, aber gleichzeitig auch die Lebensweise Mary Wards beibehalten. Sie betrachtete sich nicht als entbunden von den drei Gelübden, die ein wesentlicher Bestandteil des Instituts waren. Die Verhöre wurden schließlich wegen der Angst vor der in der Stadt grassierenden Pest verkürzt. Dennoch wurde Winefrid Wigmore unter Arrest gestellt, und Mary Wivell schrieb einen Bericht darüber.

Als Mary Ward für ihre heimatlosen Mitglieder einen Plan entwickelte, als Laien in Gruppen zusammen zu leben, und diesen Plan den Kardinälen der Inquisition zur Genehmigung einreichte, schlug sie Mary Wivell als Leiterin einer kleinen Gruppe von sieben bis acht Frauen in Lüttich vor. Ihre Bitte wurde nicht gewährt, und ihre treue Gefährtin starb wahrscheinlich in größter Armut im Jahr 1649.

2. Die Gefährtinnen vom Kontinent

Es handelt sich um Mitglieder der Kommunitäten in München, Wien, Pressburg und Rom in den Jahren nach 1626. Die Mehrheit war deutscher Nationalität. Mit zwei Ausnahmen kennen wir keine Namen von kontinental-europäischen Mitgliedern, die in Lüttich, Köln und Trier eingetreten sind.

— **von ANNENBERG, SUSANNA CATHERINA.** Susanna war von adeliger Geburt und stammte aus dem Tiroler Zweig der Familie. Als Mitglied der Münchner Kommunität im Paradeiserhaus unterschrieb sie 1631 die Unterwerfungserklärung gegenüber dem Heiligen Stuhl. Sie wird in einem der *„Zitronensaftbriefe"* Mary Wards erwähnt, scheint aber das Institut kurz darauf verlassen zu haben.

— **BERENCASTLE, MARGARETHA** war ein deutsches Mitglied der Münchener Kommunität, die ebenfalls im März 1631 die Unterwerfungserklärung gegenüber dem Heiligen Stuhl unterschrieb. Da ihr Name ganz am Ende der Liste derer erscheint, von denen man weiß, dass sie Novizinnen waren, konnte sie noch nicht lang Mitglied des Institutes gewesen sein, und wahrscheinlich ist sie bald danach zu ihrer Familie zurückgekehrt.

— **BONZI, MARIA** stammte aus Norditalien und unterzeichnete 1631 als Mitglied der Münchener Kommunität die Unterwerfungserklärung gegenüber dem Heiligen Stuhl. Mehr ist von ihr nicht bekannt. Sie scheint das Institut bald danach verlassen zu haben.

— **BURGAUEN, DOROTHEA** Über sie ist nichts weiter bekannt, als dass sie ebenfalls im März 1631 als Mitglied der Münchener Kommunität den Unterwerfungsbrief unterzeichnet hat. Sie scheint das Institut nach seiner Aufhebung verlassen zu haben.

— **CAPECE, MARGARETA** stammte aus Neapel und ist wahrscheinlich dort eingetreten, bevor sie nach München entsandt wurde. Nach der Schließung des Instituts im Jahr 1631 hielt sie an ihrer Berufung fest und starb am 26. April 1683 in München.

— **ERSTBRECKHIN, MAGDALENA** war deutscher Nationalität und ist wahrscheinlich im Jahr 1627 in München als Laienschwester eingetreten. Sie wurde später nach Wien versetzt, wo sie zur Zeit der Visitation durch den Erzbischof im Jahr 1629 als Köchin arbeitete. Ihre Ordensgelübde hatte sie zu dieser Zeit noch nicht abgelegt, und sie wird wohl das Institut nach dessen Aufhebung 1631 wieder verlassen haben.

— **FISCHERIN, MARGARETE** war in Augsburg geboren und trat etwa 1627 in das Münchner Institut ein. Sie wurde nach Wien versetzt, legte dort ihre Ordensgelübde ab und hatte das Amt der Procuratrix (Hauspräfektin). Man weiß nichts weiter über sie. Sie könnte eine von denen gewesen sein, die nach 1631 unter dem Schutz des Kaisers, aber getrennt von Mary Ward, weiter zusammen gelebt haben.

―――― **FRATASSE, SANTA** Alles, was wir über sie wissen, ist, dass sie eine Laienschwester war, möglicherweise aus Neapel stammte und zur Zeit der Aufhebung des Instituts im Jahr 1631 Mitglied der römischen Kommunität war.

―――― **GRAINWOLDIN, ANNA MARIA** wurde etwa 1609 in München geboren und trat 1627 in die Kommunität im Paradeiserhaus ein. Sie wurde als Novizin nach Wien entsandt und legte dort ihre Ordensgelübde ab. Weiter ist nichts über sie bekannt. Sie mag unter denen gewesen sein, die nach 1631 unter dem Schutz des Kaisers, aber getrennt von Mary Ward, weiter zusammen gelebt haben.

―――― **KELLNERIN, ANNA** Als Mitglied der Münchner Kommunität unterzeichnete sie im März 1631 die Erklärung der Unterwerfung unter den Heiligen Stuhl. Da ihr Name fast am Ende der Liste der Novizinnen steht, kann sie nicht sehr lange Mitglied des Instituts gewesen sein und kehrte vermutlich bald danach zu ihrer Familie zurück.

―――― **KNELLIN, CLARA**, geboren in München, war Novizin in Wien zur Zeit der Visitation durch den Erzbischof im Jahr 1629. Auch über sie ist nichts weiter bekannt; sie wird wohl das Institut nach der Aufhebung wieder verlassen haben.

―――― **KÖCHIN, KATHARINA**, eine gebürtige Augsburgerin, war eine der ersten Novizinnen im Münchner Institut. Sie war sehr willkommen, weil die englischen Gründerinnen nur wenig oder gar kein Deutsch sprachen. Während der schwedischen Invasion handelte sie getreu ihrem Namen und war vor allem mit der Nahrungsbeschaffung beschäftigt, indem sie täglich milde Gaben erbettelte und davon Lebensmittel kaufte. Aber vor allem in ihrem Sterben zeigte sie eine heldenhafte Selbstaufopferung. Als sie 1634 die Symptome der gefürchteten Pest bei sich erkannte, bestand sie darauf, in das städtische Krankenhaus gebracht zu werden, fest entschlossen, ihre Gefährtinnen nicht anzustecken. Isoliert von ihren Schwestern und der kleinen Tröstungen, die sie ihr hätten geben können, beraubt, musste sie die entsetzlichen Zustände in einem Pestspital erdulden und starb dort. Sie wurde gemeinsam mit anderen Pestopfern in einem Massengrab beerdigt.

―――― **LUIPOLDIN, REGINA** Über dieses Mitglied der Münchner Kommunität ist nichts weiter bekannt, als dass ihr Name unter denen ist, die die Unterwerfungserklärung gegenüber dem Heiligen Stuhl nach der Aufhebung des Instituts im Jahr 1631 unterzeichneten. Auch sie hat das Institut wahrscheinlich bald danach verlassen.

—— **MAGGIORE, URSULA** war italienischer Nationalität und Mitglied der Pressburger Kommunität im Jahr 1628. Weiter ist nichts über sie bekannt, und sie scheint das Institut irgendwann nach dessen Aufhebung 1631 verlassen zu haben.

—— **MARTINI, LUCRETIA** Über sie ist nur bekannt, dass sie eine Laienschwester war, vermutlich neapolitanischer Herkunft, und dass sie zur Zeit der Aufhebung des Instituts 1631 Mitglied der römischen Kommunität war.

—— **von MAXLRAIN, VERONIKA** war Mitglied einer vornehmen Bayerischen Familie. Sie ist wahrscheinlich im Paradeiserhaus eingetreten, wurde aber dann nach Pressburg versetzt und arbeitete von 1628 bis 1631 als Lehrerin. 1633 war sie in Wien, wo die frühere Kommunität noch zusammenlebte, allerdings getrennt von Mary Ward. Durch eine Erwähnung in einem Brief Mary Wards aus dem Jahr 1635 erfahren wir, dass sie nach München gezogen war, aber ihr weiteres Schicksal ist nicht bekannt.

—— **MEHRIN, ANNA MARIA** wurde in Konstanz in der Schweiz geboren und trat 1627 in die Münchner Kommunität ein. Sie wurde dann nach Wien entsandt, wo sie ihre Ordensgelübde ablegte und später zur Schulpräfektin ernannt wurde. Sonst ist nichts über sie bekannt; sie könnte aber eine von denen gewesen sein, die unter dem Schutz des Kaisers, doch getrennt von Mary Ward, nach 1631 noch zusammen lebten.

—— **MILLERIN, MARIA** Über dieses Mitglied der Münchner Kommunität ist nichts bekannt, außer dass sie eine der Schwestern war, die nach der Aufhebung des Instituts im Jahr 1631 die Unterwerfungserklärung gegenüber dem Heiligen Stuhl unterzeichnet haben. Auch sie dürfte das Institut kurz danach verlassen haben.

—— **NORDECKIN, AGNES** wird als Mitglied der Münchner Kommunität geführt, welches die Unterwerfungserklärung gegenüber dem Heiligen Stuhl vom März 1631 ebenfalls unterzeichnet hat. Da nichts weiter über sie bekannt ist, darf vermutet werden, dass sie das Institut kurz danach verlassen hat.

—— **PERICA, FELICIANA** war Französin und trat in München ein. Sie unterzeichnete ebenfalls die Unterwerfung vom März 1631. Ihr Name steht am Ende der Liste derer, die als Novizinnen bekannt sind, und wahrscheinlich ist sie bald nachher zu ihrer Familie zurückgekehrt.

—— **PRAXEDIS, SCHWESTER** stammte aus den Ardennen nahe Lüttich, trat als Laienschwester ein und war 1619 Mitglied der Lütticher Kommunität. Ihre Geschichte, die sich vor Mary Wards erster Romreise abspielte, ist nachzulesen im 1. Teil dieses Anhangs.

—— **RANZIN, SIDONIA** trat 1628 im Alter von 19 Jahren in die Münchner Kommunität ein, starb aber bereits 1629. Sie ist auf dem Karmelitenfriedhof in München beerdigt.

—— **REA, ANNA** wurde 1603 wahrscheinlich in Norditalien geboren und könnte mit Catherina Rea verwandt gewesen sein. Sie trat 1628 in München ein und wurde später nach Wien entsandt, wo sie zur Zeit der Visitation durch den Erzbischof noch Novizin war. Da über sie nichts weiter bekannt ist, dürfte sie das Institut nach dessen Aufhebung verlassen haben.

—— **REA, CATHERINA** stammte ebenfalls aus Norditalien und unterzeichnete 1631 als Mitglied der Münchner Kommunität die Unterwerfungserklärung gegenüber dem Heiligen Stuhl. Sie war vielleicht mit Anna Rea (s. o.) verwandt. Auch über sie ist nichts weiter bekannt; sie könnte das Institut kurze Zeit nach seiner Aufhebung verlassen haben.

—— **REDLIN, ANNA** wurde 1598 in Moosberg, Bayern, geboren und trat im Jahr 1627 in München ein. Nachdem sie 1629 Profess abgelegt hatte, wurde sie nach Wien gesandt, wo sie als Lehrerin in der Schule arbeitete. Es ist möglich, dass es sich bei dem Namen „Redlin" um einen Fehler des Abschreibers handelt und sie tatsächlich „Rörlin" (siehe weiter unten) heißt. Wenn es so wäre, dann war Anna Rörlin eine Zeit lang in Wien, bevor sie nach München zurückkehrte.

—— **ROITZ, ISABELLA** war spanischer Nationalität und ist Mitglied der Münchner Kommunität, das am 14. März 1631 die Unterwerfungserklärung gegenüber dem Heiligen Stuhl unterzeichnete. Sie dürfte bald danach das Institut verlassen haben.

—— **RÖRLIN, ANNA** Wenn Mary Ward überhaupt irgendwelche Lieblinge hatte, dann war Anna Rörlin sicher eine davon. Marys Briefe enthalten so viele liebevolle Erwähnungen von „my Jungfrau", dass wir neugierig sind, mehr über diese liebenswerte Gefährtin zu erfahren. Sie war die erste Bayerin, die sich dem Institut im Jahr 1627 anschloss und mit 29 Jahren ihr Noviziat in München begann. Mary Ward nannte sie einen „Spiegel des Gehorsams" und erkannte die Kraft ihrer Hingabe und Standhaftigkeit. Diese letzte Eigenschaft wurde besonders auf die Probe gestellt, als das Paradeiserhaus nach vier erfolgreichen Jahren traurige Tage erlebte. Die Aufhebung von 1631 bedeutete die Schließung der Schule, was für die Mitglieder den Entzug der Existenzgrundlage bedeutete. Noch dazu brachte die schwedische Invasion unter Gustav Adolf Hungersnot, Pest und Elend über die Stadt. Als Deutsche fühlte Anna sich weniger in Gefahr als die englischen Gefährtinnen und ging deshalb täglich auf Betteltour, wobei sie manchmal lange Wege zu Fuß zurücklegte, um für ihre Mitschwestern Lebensmittel und andere notwendige Dinge zu besorgen. Der schwedische Krieg hinterließ viele Waisenkinder, und Anna, deren Barmherzigkeit weit über das Institut hinaus reichte, kümmerte sich um diese Kinder in einem von Winefrid Bedingfield gegründeten Waisenhaus. Für viele Jahre wurde diese Einrichtung nur von den Gefährtinnen erhalten und dann schließlich von örtlichen Stiftern übernommen. Anna starb 1660, und wir können sicher sein, dass sich Mary Ward und ihre geliebte „Jungfrau" glücklich im Himmel wieder getroffen haben.

ROTTURNERIN, MARIA ISABELLA unterzeichnete als Mitglied der Münchner Kommunität 1631 nach der Aufhebung des Instituts die Unterwerfungsurkunde gegenüber dem Heiligen Stuhl. Da wir keine weiteren Informationen über sie haben, können wir davon ausgehen, dass sie das Institut bald danach verließ.

ROVERE, LAVINIA stammte aus Venedig und ist als Mitglied der Münchner Kommunität erwähnt, das am 14. März 1631 die Unterwerfungserklärung unterzeichnete. Auch sie dürfte das Institut kurz danach verlassen haben.

SENZAFALI, LUCIA stammte aus Norditalien. Als Mitglied der Münchner Kommunität unterzeichnete sie im März 1631 nach der Aufhebung des Institutes die Unterwerfungserklärung gegenüber dem Heiligen Stuhl und wird vermutlich bald danach das Institut verlassen haben.

STROSERIN, ELIZABETH unterzeichnete im März 1631 als Mitglied der Münchener Kommunität die Unterwerfungserklärung gegenüber dem Heiligen Stuhl, und da nichts weiter über sie bekannt ist, wird sie wie viele ihrer Mitschwestern das Institut kurz danach verlassen haben.

TROLLIN, URSULA wurde in einer armen Familie in einem Dorf bei München geboren. Die Schönheit und Intelligenz des Kindes erregte die Aufmerksamkeit der Kurfürstin, die sie adoptierte und bis zum 13. Lebensjahr erzog. Danach vertraute sie das Mädchen der Fürsorge der Gefährtinnen Mary Wards an, die hocherfreut über diese hochbegabte Schülerin waren. Im Paradeiserhaus erwarb Ursula alle Fähigkeiten, die ein junges Fräulein für eine Position am kurfürstlichen Hof benötigte, und die Kurfürstin bot ihr eine Aussteuer an, die ihr eine gute Partie ermöglicht hätte oder ihr – da sie an ein Ordensleben dachte - den Weg in ein renommiertes Kloster geebnet hätte. Aber Ursula bestand darauf, dass sie in die Gesellschaft Mary Wards berufen sei, und trat am 25. Januar 1631 ins Münchner Noviziat ein. Alles entwickelte sich am Anfang sehr gut, aber nach einigen Jahren durchlebte sie eine so schwere Krise ihrer Berufung, dass sie das Institut fast verlassen hätte. Obwohl Mary Ward Ursula immer noch als ihre Freundin bezeichnete, nahm sie eine klare Position ein und schrieb an Winefrid Bedingfield, dass Ursula möglicherweise nicht mehr für die Arbeit im Institut zu brauchen sei, da „halbe Frauen" für diese schweren Zeiten nicht geeignet wären. Doch die Gnade siegte, Ursula überwand ihre Zweifel und blieb ihrer Berufung treu. So endete alles glücklich, sie blieb bis zu ihrem Tod im Jahr 1682 Mitglied des Instituts.

—— **WEYERIN, JULIANA** trat als Laienschwester in das Münchner Institut ein. Sie begleitete Winefrid Wigmore und Maria Wivell 1630 nach Lüttich und unterzeichnete gemeinsam mit Winefrid, Mary und den zwei verbliebenen Mitgliedern der Lütticher Kommunität im April 1631 die Unterwerfungserklärung gegenüber dem Papst.

—— **ZIMMERIN, MARGARETA** wurde in München geboren und trat 1627 im Alter von 15 Jahren ins Paradeiserhaus ein. Sie wurde dann nach Wien gesandt, wo sie bei der Visitation durch den Erzbischof in dem Verzeichnis als Novizin aufscheint, die an der Schule unterrichtete und sich auf ihre Ordensgelübde vorbereitete. Weiter wissen wir nichts über diese junge Frau, auch sie dürfte nach 1631 das Institut verlassen haben und zu ihrer Familie zurückgekehrt sein.

ANHANG II

> *Mount Grace*

Manche Leser des Haupttextes mögen angesichts der vielen nicht eindeutig miteinander verbundenen Hinweise auf Mary Wards Reisen und andere Aktivitäten verwirrt sein. Ihnen soll die folgende Zeittafel Orientierung bieten.

CHRONOLOGISCHE ZEITTAFEL DES LEBENS MARY WARDS

1585 Januar 23.	Geburt Mary Wards in Mulwith, nahe Ripon in Yorkshire
1595	Brand in Mulwith
1599	Umzug zu den Babthorpes in Osgodby, nahe Selby
1605	Mary Ward geht nach London
1606	Sie verlässt England und tritt in das Kloster der Armen Klarissen in St. Omer ein
1607-08	Gründet sie ein Kloster der Armen Klarissen für englische Frauen in Gravelines und tritt selbst dort ein
1609 Mai 2.	Ihr wird gezeigt, dass das Leben als Arme Klarisse nicht ihre Berufung ist
September	Sie kehrt nach England zurück - Die „Gloria Vision" - Apostolisches Wirken in London – Gewinnung von Gefährtinnen
1609-10	Gründung in St. Omer
1611	Mary wird gezeigt, dass sie ein Leben nach den Regeln des hl. Ignatius wählen soll
1614-1619	Häufige Reisen nach England
1616	Gründung des Lütticher Instituts
1621	Gründungen in Köln und Trier
1621 Oktober 21.	Beginnt sie mit einigen Gefährtinnen den Fußmarsch nach Rom
Dezember 24.	Ankunft in Rom
Dezember 28.	Audienz bei Papst Gregor XV.
1622	Wiederholte Bitten um päpstliche Anerkennung ihres Instituts und Eröffnung einer Schule in Rom
1623 Januar 23.	Tod von Barbara Ward
1623	Institutsgründung in Neapel Gründung in Perugia Audienz bei Papst Urban VIII.

1625 April		Dekret der Kongregation „Propaganda Fide" mit dem Verbot des Instituts Mary Wards, das aber nur auf die Häuser in Italien sofortige Auswirkungen hatte.
	Juni	Zwangsschließung der Schule in Rom
	November	Dekret des Kardinalvikars [der Diözese Rom] zur Schließung des Hauses in Rom
	Herbst	Zwangsschließung des Hauses in Perugia
1626 November		Abreise von Rom, Reise nach München
1627		Gründung des Paradeiserhauses in München
	Juni	Reise nach Wien, Gründung des Hauses und der Schule in Wien
1628 März		Gründung in Pressburg (Bratislava)
	Juli	[Ein weiteres] Dekret der Kongregation „Propaganda Fide" zur Unterdrückung von Mary Wards Institut. Mary Ward wird darüber nicht informiert
	Mai-Juli	Versuch der Gründung eines Instituts in Prag
	Herbst	Verschiedene Reisen zwischen München und Wien, endgültige Zwangsschließung des Hauses in Neapel
1629 Januar		Mary Ward kehrt nach Rom zurück
	Mai	Audienz bei Papst Urban VIII. in Castelgandolfo
	Oktober	Entscheidung der Glaubenskongregation, die Unterdrückung der „Jesuitinnen" [überall durchzusetzen]
1630 Januar		Schließung des Hauses in St. Omer
	April	Mary verlässt Rom und reist nach München
	April 6.	Mary Wards Brief an die Gefährtinnen in Lüttich
	April 30.	Zwangsschließung des Hauses in Lüttich
	Mai	Zwangsschließung des Hauses in Köln
	Juni	Winefrid Wigmore wird von Mary als Visitatorin nach Köln, Trier und Lüttich gesandt
	August	Schließung des Hauses in Trier
	August 5.	Ankunft von Winefrid Wigmore als Visitatorin in Lüttich. Sie versucht, die äußerlichen Formen des Ordenslebens dort wieder zu beleben

	September	Verhör der früheren Mitglieder des Lütticher Instituts durch den päpstlichen Nuntius Carafa. Übersendung der Protokolle an die Glaubenskongregation, Weiterleitung der Dokumente an die Inquisition
—	**1631 Januar 13.**	Unterzeichnung der päpstlichen Bulle „Pastoralis Romani Pontificis" durch Papst Urban VIII.
	Februar 7.	Marys Verhaftung in München auf Befehl der Inquisition, Gefangenschaft im Münchner Angerkloster
	Februar 13.	Verhaftung von Winefrid Wigmore und Gefangenschaft in Lüttich
	April 14.	Mary wird aus dem Gefängnis entlassen
—	**1632 März**	Mary erreicht Rom, vorgeladen von Papst Urban VIII.
	Mai	Die Kardinäle der Heiligen Inquisition sprechen Mary von der Anklage der Häresie frei, sie bleibt aber unter strenger Überwachung
—	**1633 Herbst**	Das Haus auf dem Esquilin in Rom wird für Marys Gefährtinnen erworben
—	**1635 Dezember**	Wiedereröffnung der Schule im Münchner Paradeiserhaus
—	**1637 September**	Mary verlässt Rom, verbringt fünf Monate in Paris und reist
—	**1638**	von Paris nach Spa und Lüttich: häufige Erkrankungen
—	**1639 Mai 20.**	Ankunft in England, [Mary] führt in London einen großen Haushalt mit einigen Schülerinnen
—	**1642**	Nach Hutton Rudby, Yorkshire, danach weiter nach Heworth, York
—	**1644 April**	Die Belagerung von York spitzt sich zu, Mary und ihre Gefährtinnen ziehen in die Stadt um
—	**1644 Juli**	Nach der Kapitulation von York vor den Truppen des Parlaments kehrt Mary nach Heworth zurück
—	**1645 Januar 30.**	Tod Mary Wards

QUELLENANGABEN

PRIMÄRQUELLEN: ARCHIV DES BAR CONVENT, YORK

Zettelkatalog der frühen Mitglieder

Schachtel G1, Ordner 1: Liste einiger, im Ausland eingetretener Mitglieder, zusammengestellt von Dr. Caroline Bowden; erschöpfende Aufzeichnungen über die frühen Ordensmitglieder, zusammengestellt von Schwester Immolata Wetter; andere Ordner, die einzelnen Mitgliedern gewidmet sind

„A Briefe Relation…" Eine Kopie in Maschinenschrift liegt im Archiv des Bar Convents

V 17 : Einige Berichte der ersten Mitglieder des Instituts der Allerseligsten Jungfrau Maria, beginnend mit den englischen Mitgliedern, erwähnt durch Clemens XI.

Schachtel 4 B: zwei Nekrologe einiger früher Mitglieder des Instituts

GEDRUCKTE QUELLEN

Dirmeier CJ, Ursula, Herausgeberin von *„Mary Ward und ihre Gründung"* Die Quellentexte bis 1645, 4 Bände, Münster 2007

Dieses Buch umfasst alle Quellentexte zu Mary Ward bis 1645 in den Originalsprachen, mit Einführung und Fußnoten in Deutsch

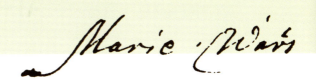

SEKUNDÄRQUELLEN

Chambers, M Catherine:	*"The Life of Mary Ward",* 2 Bände, London 1882 und 1885
Dt. Übers.:	„*Leben der Maria Ward",* Regensburg, New York, Cincinnati 1888/89
Coleridge, Henry James:	*"A History of St. Mary's Convent, Micklegate Bar, York 1686-1887",* London 1887
Fridl, Marcus:	„*Englische Tugend-Schul…Maria Ward",* 2 Bände, Augsburg 1732
Hardman, Sr. Philip:	*"Companions of Mary Ward",* London 1939
Lilllehales, Margaret Mary:	*"Mary Ward, Pilgrim and Mystic",* London 1998, 2. Auflage, 2001
Peters, Henriette:	„*Mary Ward, Ihre Persönlichkeit und ihr Institut",* Innsbruck – Wien, 1991
Wetter, Immolata:	„*Mary Ward unter dem Schatten der Inquisition 1630-1637",* München 2003